银行柜面业务处理

主　编　蔡　昌
副主编　李雪芹

北京理工大学出版社
BEIJING INSTITUTE OF TECHNOLOGY PRESS

版权专有 侵权必究

图书在版编目（CIP）数据

银行柜面业务处理 / 蔡昌主编. —北京：北京理工大学出版社，2022.2
ISBN 978-7-5763-1055-9

Ⅰ.①银… Ⅱ.①蔡… Ⅲ.①银行业务 Ⅳ.①F830.4

中国版本图书馆CIP数据核字（2022）第029263号

出版发行 / 北京理工大学出版社有限责任公司
社　　址 / 北京市海淀区中关村南大街5号
邮　　编 / 100081
电　　话 / （010）68914775（总编室）
　　　　　（010）82562903（教材售后服务热线）
　　　　　（010）68944723（其他图书服务热线）
网　　址 / http://www.bitpress.com.cn
经　　销 / 全国各地新华书店
印　　刷 / 定州市新华印刷有限公司
开　　本 / 787毫米×1092毫米　1/16
印　　张 / 11　　　　　　　　　　　　　责任编辑 / 王晓莉
字　　数 / 254千字　　　　　　　　　　　文案编辑 / 杜　枝
版　　次 / 2022年2月第1版　2022年2月第1次印刷　责任校对 / 刘亚男
定　　价 / 31.00元　　　　　　　　　　　责任印制 / 边心超

图书出现印装质量问题，请拨打售后服务热线，本社负责调换

　　银行柜员工作是银行的窗口,客户进入银行办理业务首先面对的就是柜员,其服务质量关系到银行的声誉。该职位一般要求柜员对客户态度亲切诚恳,为客户提供银行服务及有关理财的资讯,负责直接面向客户的柜面业务操作、查询、咨询等(后台柜员负责不需要面向客户的联行、票据交换、内部账务等业务处理及对前台业务的复核、确认、授权等后续处理)。另外还要独立为客户提供服务并独立承担相应业务,为客户提供高质量服务。

　　《中华人民共和国基础教育课程改革纲要(试行)》明确提出:"学校在执行国家课程和地方课程的同时,应视当地社会、经济发展的具体情况,结合本校的传统和优势、学生的兴趣和需要,开发或选用适合本校的课程。"本课程是根据金融事务专业典型职业活动银行柜面业务直接转化的专业核心课程,具有较强的实践性。其与银行大堂服务有一定的联系,但同时又有独立性。

　　本书的主要任务是使学生了解银行柜员所办理的各项业务的内容,具备按照银行临柜柜员的要求,规范、准确、快捷地办理个人及单位业务的操作能力,同时也具备人际交流能力、团队合作精神、客户服务意识和自我学习能力,能够胜任银行柜面业务的工作。

　　本书分为四个单元,共有十四个项目,全面而系统地介绍了银行柜面业务处理的整体流程。学生可以在仿真环境中熟悉并掌握:领用和清点现金及凭证,检查各项设备,做好接待客户前准备。根据"事权划分、事中控制"的原则为个人、单位提供人民币活期、定期等不同储种的开户、存款、取款、销户、挂失、更换凭证等服务。根据客户需要办理外币兑换、贷款、结算、信用卡发放、代理中间业务等。另外,还应掌握现金清点轧账、剩余重要空白凭证交回、钱箱交回等一系列银行柜员日常工作。

  由于编者水平有限,加上时间仓促,书中难免存在不妥之处,敬请广大读者批评指正。

编　者

目 录
CONTENTS

单元一　银行及银行柜员简介

项目一　银行柜面业务基本知识··2

　　任务一　银行及柜员业务概述··2
　　任务二　银行柜面业务流程管理··3
　　任务三　商业银行柜面基本技能掌握··10

单元二　银行柜面对私业务处理

项目二　人民币活期储蓄业务处理··18

　　任务一　存款开户··19
　　任务二　续存··23
　　任务三　支取··24
　　任务四　销户··26
　　任务五　特殊业务··28

项目三 人民币定期储蓄业务处理 ... 29
- 任务一 整存整取 ... 29
- 任务二 零存整取 ... 34
- 任务三 存本取息 ... 38
- 任务四 定活两便 ... 39
- 任务五 教育储蓄 ... 40

项目四 人民币其他业务处理 ... 42
- 任务一 通知存款 ... 42
- 任务二 一卡通业务 ... 44
- 任务三 信用卡 ... 44
- 任务四 个人支票 ... 45
- 任务五 凭证业务 ... 46
- 任务六 个人贷款业务：住房贷款、助学贷款、质押贷款 ... 48

项目五 外币业务处理 ... 52
- 任务一 兑换 ... 52
- 任务二 外币存储业务处理 ... 55
- 任务三 外币支取业务处理 ... 56

单元三 银行柜面对公业务处理

项目六 单位活期存款业务处理 ... 58
- 任务一 开客户 ... 58
- 任务二 单位预开户（开单位存款账户） ... 60
- 任务三 单位现金存取 ... 60
- 任务四 账户转账 ... 60
- 任务五 协议存款 ... 60
- 任务六 销户 ... 61

项目七 单位定期存款业务处理 ... 62

项目八　单位通知存款柜面业务 ·························· 64

　　任务一　开户 ··· 65
　　任务二　通知 ··· 68
　　任务三　全部支取 ······································· 69
　　任务四　部分支取 ······································· 70

项目九　单位协定存款柜面业务 ·························· 72

　　任务一　开户 ··· 72
　　任务二　存入 ··· 74
　　任务三　支取 ··· 74
　　任务四　销户 ··· 76

项目十　单位贷款业务处理 ································ 78

　　任务一　贷款借据管理 ································· 79
　　任务二　贷款发放 ······································· 80
　　任务三　部分还贷 ······································· 80
　　任务四　贷款展期确认 ································· 80
　　任务五　全部还贷 ······································· 81

单元四　银行柜面"对公、对私"业务处理

项目十一　柜面代理业务 ··································· 84

　　任务一　代收代付业务 ································· 84
　　任务二　代理保险业务 ································· 90
　　任务三　代理国债业务 ································· 93
　　任务四　代理证券、基金业务 ······················· 98
　　任务五　代理贵金属业务 ···························· 105

项目十二　银行卡柜面业务 ······························ 110

　　任务一　银行卡基本知识 ···························· 110
　　任务二　信用卡基本知识 ···························· 114

  任务三 银行卡申请与发放 ………………………………………………………… 116

项目十三 结算业务 …………………………………………………………………… 123

  任务一 处理汇兑业务 ……………………………………………………………… 123
  任务二 委托收款业务 ……………………………………………………………… 129
  任务三 银行本票业务 ……………………………………………………………… 138
  任务四 银行汇票业务 ……………………………………………………………… 144

项目十四 电子银行业务 ……………………………………………………………… 148

  任务一 电子银行基本知识 …………………………………………………………… 148
  任务二 网上银行个人客户业务 ……………………………………………………… 158
  任务三 网上银行企业客户业务 ……………………………………………………… 162
  任务四 其他电子银行业务 …………………………………………………………… 167

单元一

银行及银行柜员简介

导　读

银行，是依法成立的经营货币信贷业务的金融机构，是商品货币经济发展到一定阶段的产物。银行是金融机构之一，银行按类型分为中央银行、政策性银行、商业银行、投资银行、世界银行等，它们的职责各不相同。商业银行是最主要的金融机构，本书介绍的也是商业银行的柜面业务处理。我国的商业银行主要包括中国工商银行、中国农业银行、中国银行、中国建设银行、中国邮政储蓄银行、交通银行等。商业银行的主要职责是通过存款、贷款、汇兑、储蓄等业务，承担信用中介的金融机构。银行柜员一般是指在银行分行柜台里直接跟客户接触的银行员工。银行柜员工作在最前线。这是因为客户进入银行最先接触的就是柜员。他们负责侦察以及停止错误的交易以避免银行有所损失。该职位一般要求员工对客户态度亲切诚恳，为客户提供银行服务及有关他们账户的资讯。

单元目标

1. 掌握商业银行柜面业务基本流程。
2. 掌握商业银行柜面基本技能。

项目一

银行柜面业务基本知识

导 读

前台柜员负责直接面向客户的柜面业务操作、查询、咨询等；后台柜员负责不需要面向客户的联行、票据交换、内部账务等业务处理及对前台业务的复核、确认、授权等后续处理。独立为客户提供服务并独立承担相应责任的前台柜员必须自我复核、自我约束、自我控制、自担风险；按规定必须经由专职复核人员进行滞后复核的，前台柜员与复核人员必须明确各自的相应职责，相互制约、共担风险。

任务一 银行及柜员业务概述

一、综合柜员的主要职责

（1）领发、登记和保管储蓄所的有价单证和重要空白凭证，办理柜员的领用、上缴。

（2）负责柜员营业用现金的内部调剂和储蓄所现金的领用、上缴，并做好登记。

（3）处理与管辖行会计部门的内部往来业务。

（4）监督柜员办理储蓄挂失、查询、托收、冻结与没收等特殊业务，并办理储蓄所年度结息。

（5）监督柜员工作班轧账。

（6）银行科技风险识别与控制。

（7）办理储蓄所结账、对账，编制凭证整理单和科目日结单；打印储蓄所流水账，定期打印总账、明细账、存款科目分户日记账、表外科目登记簿；备份数据及打印、装订、保管账、表、簿等会计资料，负责将原始凭证、账、表和备份盘交给事后监督。

（8）编制营业日、月、季、年度报表。

二、柜员的主要职责

（1）对外办理存取款、计息业务，包括输入计算机记账、打印凭证、存折、存单，收付现金等。

（2）办理营业用现金的领取、保管，登记柜员现金登记簿。

（3）办理营业用存单、存折等重要空白凭证和有价单证的领用与保管，登记重要空白凭证和有价单证登记簿。

（4）掌管本柜台各种业务用章和个人名章。

（5）办理柜台轧账，打印轧账单，清理、核对当班库存现金和结存重要空白凭证及有价单证，收检业务用章，在综合柜员的监督下，与其共同封箱，办理交接班手续，再将凭证等会计资料交综合柜员。

任务二　银行柜面业务流程管理

商业银行柜面业务基本流程见图 1-1。

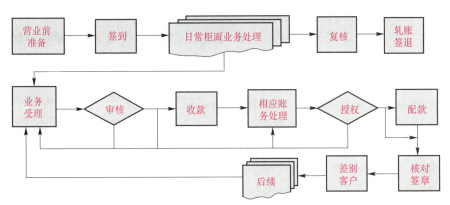

图 1-1　商业银行柜面业务基本流程

活动一　做好营业前准备

【知识探微】

我国商业银行的柜员在开始一天的柜台营业前，应该提前做好下列准备工作：

（1）检查自身着装并挂好工号牌，检查随身携带物品用具是否符合制度要求。

（2）检查安全防卫器具是否正常完好，二道门是否上锁。

（3）检查并开启各类机器设备，保证其正常运转。

（4）柜员实物钱箱出库；检查钱箱封口是否完好；钱箱与登记簿记录是否一致；自有库存现金是否能够满足正常营业的现金收付。

（5）重要单证出库；核对各种重要单证与登记簿结存是否一致；是否满足正常营业需要。

（6）检查各类印章是否齐全；调整各种印章的使用日期，保证其为当天实际日期。

一、柜员现金业务管理

1. 柜员领入现金

前台柜员在办理现金收付业务前,向管库员领入现金。领款时,柜员应填制两联记账凭证,并注明领入现金的金额、券别等,经主管签章后,进入系统操作。交易成功并经授权后打印两联记账凭证,加盖名章后交管库员凭以出库。管库员审核无误后配款、换人复核后出库,在记账凭证上加盖现金付讫章和名章,其中一联留存,另一联则连同现金交领款柜员点收。

2. 柜员现金入库

前台柜员现金箱余额超过限额或其他原因,需要向管库员缴交现金。入库时,前台柜员应填制两联记账凭证,并注明入库现金的金额、券别等,经主管签章后进入系统操作。交易成功并经授权后打印两联记账凭证,加盖名章后,连同现金缴交管库员。管库员点收并核对现金,换人复核后入库,然后在记账凭证上加盖现金收讫章和名章,一联留存,另一联交柜员。

3. 柜员现金内调

柜员之间发生现金调拨时,调出柜员填制两联记账凭证,注明调出现金金额、券别等,加盖名章后将记账凭证连同现金交调入柜员。调入柜员清点现金并核对记账凭证无误后,进入系统操作。交易成功并经授权后,打印调出柜员填制的两联记账凭证,加盖现金收讫章和名章,一联留存作为当天记账凭证,另一联交调出柜员附当日传票后。

4. 假币收缴

柜员在处理日常现金业务时,发现客户持假币,经两名以上营业人员同时认定后,按规定没收。处理时应向客户说明情况并追查来源;同时,在假币正面和背面加盖"假币"戳记,填写中国人民银行(即中国的央行)统一印制的一式两联"假币收缴凭证",加盖认定柜员名章和处理柜员名章,第二联交客户。

5. 对外现金收付

柜员既管理现金箱,也管理现金实物,对经办的现金收付业务实行一手清[①]。

(1) 现金收入:柜员受理客户交存现金及现金收款凭证的操作流程为:审查现金收款凭证、初点现金、清点细数、系统交易、签章、现金入箱、回单交客户。

(2) 现金付出:柜员受理客户提交的现金付款凭证的操作流程为审查现金付款凭证、系统交易、付款、现金交客户。

> **小贴士**
>
> → 现金收付应按照"三先三后"(即先点大数、后点细数,先点主币、后点辅币,先点大面额票币、后点小面额票币)及"唱收唱付"程序进行。

---

① 一手清:做完大程序里面的每一项子工作应随手清理,包括凭证单据、现金、交易系统及章印等。

二、重要单证的管理

按性质,重要单证分为有价单证和重要空白凭证两种,见表1-1。

表1-1　商业银行重要单证一览

重要单证分类	特点	具体种类
有价单证	印有面额的特殊凭证	国库券、金融债券、建设债券、企业债券、定额存单、定额银行本票、旅行支票、印有固定面额的其他有价单证等
重要空白凭证	无面额的经银行或单位填写金额并签章后,具有支付票款效力的空白凭证	各类存折、存单、汇票、支票、不定额银行本票、信用证、信用证修改书、空白信用卡、空白储蓄卡、联行报单、贷款收款凭证、国库券收款凭证、其他重要空白凭证等

对重要单证的管理方式如下:
(1)必须由专人负责保管,建立严密的进、出库和领用制度,坚持"章证分管"的原则。
(2)应纳入表外核算,有价单证以面额入户,重要空白凭证以一份(本)一元的假定价格入户。
(3)每班使用重要单证时,必须顺号使用,不得跳号。
(4)重要单证在未使用前,不得事先加盖业务公章和个人名章。
(5)每日营业终了,柜员及重要单证保管人员必须核点各类重要单证的库存数量、号码,并与重要单证登记簿及报表表外科目核对,做到账实、账表相符。

三、印章的管理

商业银行印章包括业务印章和个人名章,业务印章一般又分为重要业务印章和一般业务印章两类,见表1-2。

表1-2　商业银行印章一览

印章类别		具体种类
业务印章	(1)重要业务印章	汇票专用章、本票专用章、签证章、会计业务专用章、储蓄业务专用章、贷款审批专用章、结算专用章、票据清算专用章等
	(2)一般业务印章	现金清讫章(现金收讫章、现金付讫章)、转讫章等
个人名章		

> **小贴士**
>
> 柜台办理电子汇划、银行汇票业务时,章、证、机(密押器、压数机)必须实现三人保管。

对印章的管理方式如下：

（1）各种印章应按规定用途使用，不得超用途使用。

（2）各种印章在启用前必须在印章使用保管登记簿上预留印鉴印模，填写启用日期，领用保管人要签名盖章。

（3）各种印章办理交接时必须由会计主管监交，并在登记簿上签名盖章。

（4）各种旧印章停止使用时，在登记簿上注明停止使用的日期及原因，并编表连同印章上缴。

（5）做到"人在章在、人走章锁、严禁托人代管"。

（6）营业终了，柜员必须对自己所使用的印章进行认真清点，核对相符后，入箱上锁，随同现金入库保管。

（7）加盖各种印章、名章应清晰到位；要保持印章清洁、字迹清晰。

四、重要机具的管理

商业银行重要机具管理见表1-3。

表1-3　商业银行重要机具管理一览

重要机具	主要管理规定
1. 联行编押器	（1）操作手册属密级文件，不得泄露和丢失 （2）保管实行个人负责制。交接时由会计主管监交，交接人员和会计主管应在交接登记簿上签章。离岗人员应更改自己的开机口令，接收人员应设置自己的口令
2. 压数机	（1）指定专人使用保管 （2）营业期间保管使用人应做到人在机开，人走机销；营业结束应上锁入库保管
3. 磁码机	

【训练与评价】

201×年3月12日上午8:00，模拟银行CY市分行柜员林果（柜员号：605009）于营业前提前到达网点，按工作要领提前做好柜台营业前的一系列准备工作。

（自评：×××××　小组评：×××××　老师评：×××××　合计：_____×）

活动二　完成签到注册

【知识探微】

（1）权限卡是指业务人员在办理业务时所必须持有的，表明、控制其业务无处理权限范围的磁卡。

（2）交易部门是柜员所在行、所代码。

(3) 柜员号是柜员在一个中心范围内的唯一标识，也是柜员进入综合应用系统的唯一合法身份，由系统运行中心按营业机构编码分配。经管辖行批准后，主管对其下属柜员号可进行增加、减少、修改操作。

小贴士

> 初始登录时，若柜员未设立钱箱，则钱箱号码可不输入。
>
> 初始密码是每个业务人员首次使用权限卡时或权限卡处于待启用状态时，由会计结算部门负责人在计算机上为其启用权限卡，设定初始密码。柜员首次使用系统，必须首先修改自己的初始密码。

每个柜员都需要建立自己的钱箱号。柜员钱箱只允许本柜员使用，如果一个柜员不注册钱箱，则只能做转账业务而不能做现金业务。

操作密码不得使用初始密码或简单的重复数字、顺序数字，同时还要严格保密，防止泄露，且每个月至少要更换一次。

【场景设定】

201×年2月12日上午8:00，模拟银行CY市分行柜员林果（柜员号：605009）做好了营业前的准备工作，待主管将主机开启后，在自己的工作终端上进行签到注册操作，准备办理柜面业务。

（1）刷卡，在主机开启成功后，柜员林果用自己的权限卡刷卡，登录签到界面，见图1-2。

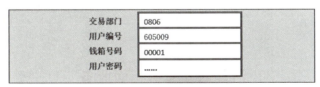

图1-2 签到界面

（2）输入交易部门、用户编号、钱箱号码、用户密码，进入柜台交易界面。

（3）经主管授权后，柜员领取电子钱箱，核对实物钱箱与电子钱箱，必须确保其款项一致。现金出库界面见图1-3。

（4）柜员根据业务量的情况决定其所要领取的空白重要凭证的数量、种类，向管库员领用重要空白凭证。重要空白凭证出库界面见图1-4。

图1-3 现金出库界面

图1-4 重要空白凭证出库界面

活动三　处理日常柜面业务

【知识探微】

银行柜员要根据客户的不同业务要求进行不同的具体业务操作，但在处理日常柜面业务时必须注意以下几点：

（1）账务处理实行审核授权制度，柜员各自在授权的范围内进行账务处理；凡经系统设定需经授权才能办理的业务，必须经主管人员审核授权后才能办理，严禁越职、越权进行账务处理。

（2）业务处理顺序为：现金收入，先收款后记账；现金支出，先记账后付款；资金划收，先收报后记账；资金划付，先记账后发报；转账业务，先记借后记贷；代收他行票据，收妥入账。

（3）柜员根据每笔业务的类型和核算要求，按照系统操作规定输入业务信息，选择正确的交易码进行记账处理。核对无误后，加盖相应的业务印章和名章。

（4）柜员不得擅自取消和中断记账交易中打印的凭证，对柜面记账后产生的凭证、回单、文本应进行妥善保管。

【场景设定】

201×年3月12日上午9：00，模拟银行CY市分行刚开始营业，不一会儿，营业大厅内就出现了来办理业务的客户，有办理个人存款的、有办理个人取款的、有办理个人转账业务的，也有咨询个人理财业务的……柜员林果（柜员号：605009）精神饱满地开始了一天的柜面业务处理工作。

活动四　复核柜面业务

【知识探微】

复核是严密操作程序、加强制约机制并确保资金安全的重要环节。柜面业务的复核包括即时复核、日终轧账前复核、事后稽核人员全面复核，见表1-4。

表1-4　柜面业务的复核

即时复核	日终轧账前复核	事后稽核人员全面复核
（1）凭证记账日期与经济业务发生的时间是否吻合 （2）会计分录是否正确 （3）由银行填制的凭证，种类、金额等有关项目是否正确齐全，印鉴是否相符 （4）超限额的存、取款交易，信用卡业务，活期部分冻结，个人电子汇划业务等	（1）规定额度以下的业务 （2）现金实物与电子钱箱中的现金余额核对 （3）重要空白凭证实物与电子钱箱中的重要空白凭证核对	当日所有业务凭证在次日由事后稽核人员全面复核

【场景设定】

201×年3月14日上午9：00，模拟银行CY市分行早上刚刚营业，柜员林果（柜员号：605009）办理了今天的第一笔业务，客户刘某来行从其活期储蓄存折账户中支取80 000元现金。林果按规定经主管人员授权后，严格按该业务具体操作规程圆满完成了任务。其在业务的办理过程中多次对凭证、现金、印鉴等进行自我即时复核，包括：

（1）客户刘某提交的身份证件、取款凭条的大小写金额、活期储蓄存折上记载的客户名称等。

（2）对客户当面用机器点钞两遍。

（3）银行记账凭证打印核对后请客户签字。

（4）客户签字后经再次核对加盖银行业务印章。

（5）现金及回单递交客户前再次核对现金把数。

客户刘某对林果的服务评价是非常满意。

活动五　完成轧账签退

【知识探微】

日终营业结束，先由柜员轧账签退后，再由网点进行总轧账签退。

（1）柜员结平现金，核对重要空白凭证。

（2）柜员检查自己负责的平账器是否结平为零，如果不为零，则表明柜员当日所做交易有错或还有未做完的业务，需纠错或继续做业务。对当日不能核销的账项，应挂账处理；次日必须对所挂账务查明原因并进行相应的处理。

（3）柜员打印"柜员平账报告表"。

（4）整理核对记账凭证和交易清单，其要点是：交易清单的数量与"柜员平账报告表"上的交易清单数相符，交易清单上的序号（传票号）保持连续；按传票号从小到大的顺序整理、排列交易清单，原始凭证作为交易清单的附件。

（5）柜员将"柜员平账报告表"和交易清单一并交主管，确认无误后正式签退。

（6）待所有柜员都正式签退后，由主管打印"网点日终平账报告表"，并与每个柜员的平账报告表核对，无误后签退。

【场景设定】

200×年3月14日下午5：00，模拟银行CY市分行营业结束，柜员林果（柜员号：605009）办理完最后一位客户的业务后，对实物钱箱中的现金进行清点，对电子钱箱和实物钱箱余额进行核对。

（1）清点重要空白凭证实物，并将其与电子钱箱中的重要空白凭证进行核对。

（2）整理核对自己办理的记账凭证和交易清单，在业务系统内作轧账签退处理，将自已负责的"柜员平账报告表"交主管,主管核对无误后,网点总轧账下班。

(3)一天的工作顺利结束,明天又是新的开始。

任务三　商业银行柜面基本技能掌握

优质服务对柜员技能的要求

客户在银行办理业务时的满意度取决于什么?答案是银行的优质服务。银行一线柜员作为体现银行服务的桥梁和窗口,应具备哪些素质和技能呢?

(1)"反应快"。如何在第一时间做出反应,客户需要何种金融服务,就需要对规章制度进行不断学习、对银行产品相关知识进行深刻了解和对业务流程进行熟练掌握。要求柜员经常练习技能,熟悉业务知识。比如,某客户要给她在北京上学的儿子办理一笔汇款,柜员根据业务知识要立刻反应出"汇款、无卡续存、ATM自助转账、网上银行或电话银行,办理汇款2分钟,无卡续存40秒、ATM自助转账不占用柜员时间"。如果该客户和她儿子都有卡,建议到ATM自助转账(或者通过网银、电话银行),可以免排队、免填单;如果只是其儿子有卡,可以无卡续存,比汇款所需时间节约80秒;否则,就只能汇款了。

(2)"手快"。打字、数字小键盘、点钞、柜面操作要快。打字谁都会,但是柜员要通过大量的练习才能打字快;若要数字敲得快,柜员应"五指定位";虽然点钞时使用验钞机很快,但是如果收到一些比较旧的钱,只能手工点算。另外,必须非常熟悉操作系统的使用。

(3)"准确"。工作中严格按照各项规章制度为客户办理业务。打字、数字小键盘、点钞、柜面操作要准确,要细心,尽量做到"零差错"。

活动一　熟练数字书写技能

【知识探微】

一、阿拉伯数字的书写方法

(1)笔顺自上而下,先左后右,一个一个写,不要连写以免分辨不清。
(2)斜度约以60度为准。
(3)高度以账表格的1/2为准。
(4)数字6的竖上伸至上半格的1/4处。
(5)除7和9上低下半格的1/4,下伸次行上半格的1/4外,其余数字都要靠在底线上。
(6)0不能有缺口。

（7）从有效数最高位起，以后各格必须写完。

（8）数字写错用划线改正法，左端签章。

（9）小写金额前写上"￥"以后，数字之后就不再写"元"了。阿拉伯数字规范写法（手写体）见图1-5。

图1-5　阿拉伯数字规范写法（手写体）

二、中文大写数字书写

（1）用规范正楷大写数字书写。

（2）"人民币"与数字之间不得留有空隙。有固定格式的重要凭证，大写金额栏一般印有"人民币"字样，数字应紧接在人民币后面书写，在"人民币"与数字之间不得留有空隙。大写金额栏没有印好"人民币"字样的，应加填"人民币"三字。

（3）"零"的写法：小写数字尾部有"0"时，大写数字不写"零"；小写数字中间有一个"0"时，大写数字一定写"零"；小写数字中间有连续几个"0"时，大写数字只写一个"零"。

（4）"整"字的用法：大写金额"元"以下没有"角""分"或有"角"无"分"时，应写"整"字；大写金额"元"以下有"角""分"时，不写"整"字。

（5）壹拾几元的"壹"字不得遗漏。

（6）凡重要凭证大小写金额填写错误时，不能更改，应另填新凭证。

【场景设定】

201×年3月14日，模拟银行KW市分行柜员李红（柜员号：203001）受理了客户罗某填写的一份整存整取存款凭条及现金，凭条上书写的小写金额为"102 478.9"，大写金额为"拾万两千四百七十八元九角"，柜员李红耐心细致地为客户说明了大小写金额的错误："小写金额前写'￥'；大写金额应该是'壹拾万零贰仟肆佰柒拾捌元玖角整'。"并请客户另外填写新凭条。

活动二　熟练点钞技术

【知识探微】

一、机器点钞技术

随着金融事业的发展，银行柜面的收付业务量也日益增加，机器点钞已成为商业银行柜面经办人员点钞的主要方法。运用机器点钞应注意以下几点：

（1）操作程序与手工点钞基本相同，包括：持票拆把放钞—点钞机点数—点钞机记数—扎把—盖章。

（2）送钞是机器点钞的关键。送钞时手要平稳，钞票放置的位置、角度要合适。

（3）提高速度的关键在于提高操作的连续性，做到动作衔接紧密，迅速准确，快而不乱。

小贴士

- 机器点钞是连续操作的，归纳起来要做到"五个二"，即：

  二看：看清跑道票面，看准记数。

  二清：券别把数分清，接钞台取清。

  二防：防留张，防机器吃钞。

  二复：发现钞券有裂缝和夹带纸片要复查，记数不准时要复查。

  二经常：经常检查机器底部，经常保养、维修点钞机。

二、手工点钞技术

100元、50元面值的纸币用机器点钞非常方便，但20元以下面值的纸币和硬币无法使用点钞机，必须通过手工点钞来完成。

撷贝

优秀银行柜员手指快过点钞机

单指单张点百元钞票，一个普通的银行柜员10分钟内能点多少？答案是约15万元并捆扎好。为提高一线柜员服务技能，某银行深圳分行举办了会计业务技能竞赛，包括手持式单指单张点钞、手持式单指单张挑错、翻录传票、综合录入四个项目，来自该行各营业网点的100余名选手参加了比赛。

该行相关部门负责人介绍，经过平时的努力学习和培训，比赛结果显示，该行普通柜员单指单张点百元钞并捆扎好，10分钟可点钞约18万元，优秀的可达到21万元以上，速度比点钞机还快。

【场景设定】

201×年3月14日，模拟银行CY市分行柜员李红（柜员号：203001）受理了客户罗某重新填写的整存整取存款凭条及现金102 478.9元，按照业务操作流程做如下处理：

（1）柜员李红对客户罗某说："您存多少钱？"客户罗某回答："102 478.9元。"

（2）柜员李红开始清点现金，将整钞用点钞机清点两遍，零钞用手点钞两遍。

（3）柜员李红对客户罗某说："收到您现金102 378.9元，还差100元。请您再核对一遍。"于是将现金递给客户。

（4）客户罗某在柜台前再次核对现金后确实差100元，补足后再次将现金交予柜员李红，并说："存 102 478.9 元。"

（5）柜员李红再次清点现金，将整钞用点钞机清点两遍并扎把，零钞用手点钞两遍。刷存折磁条，录入系统，打印存款凭条并请客户签字确认后加盖业务印章和个人名章，将现金收入现金尾箱、记账凭证收入传票格、回单交予客户并礼貌地送别客户。

活动三 掌握货币反假技能

【知识探微】

一、人民币反假技能

假币通常分为两种：伪造货币和变造货币。伪造货币是指仿照真币的图案、形状、色彩等，采取各种手段制造的假币。变造货币是指在真币的基础上，利用挖补、揭层、涂改、拼凑、移位、重印等多种方法制作，使其改变形态的假币。

假币鉴别方法分为：

（1）人工鉴别方法。

（2）机具鉴别方法。

二、人民币假币收缴

中国人民银行制定的《中国人民银行假币收缴、鉴定管理办法》规定：金融机构在办理业务时发现假币应予以收缴。收缴假币时应该做到：

（1）由该金融机构两名（含）以上业务人员当面予以收缴。

（2）对假人民币纸币，应当面加盖"假币"字样的戳记。

（3）对假外币纸币及各种假硬币，应当面以统一格式的专用袋加封，封口处加盖"假币"字样戳记，并在专用袋上标明币种、券别、面额、张（枚）数、冠字号码、收缴人、复核人名章等细项。

（4）收缴假币的金融机构（以下简称"收缴单位"）向持有人出具中国人民银行统一印制的"假币收缴凭证"。

（5）告知持有人如对被收缴的货币真伪有异议，可向中国人民银行当地分支机构或中国人民银行授权的当地鉴定机构申请鉴定。

（6）收缴的假币，不得再交予持有人。

（7）收缴人员必须具有鉴定技能并获得上岗资格。

【场景设定】

201×年3月14日，模拟银行 KW 市分行柜员李红（柜员号：203001）受理了客户刘某活期储蓄存款凭条和现金 30 000 元，经点钞机及手工清点各两遍后，她发现客户提交的现金中有一张 2005 年版面值 100 元的纸币是假币，货币编号为"LN37638313"，经主管王佳（柜员号：806022）同时认定后，按规定和业务程序予以当面收缴。

（1）两人向客户出示"反假货币上岗资格证书"，在假币正反面上加盖蓝色油墨的"假币"戳记。

（2）填写人民银行统一格式一式两联的"假币收缴凭证"，见图 1-6。

图 1-6　假币收缴凭证

（3）柜员和主管加盖个人名章和"假币收缴专用章"交客户核对并签字，第二联"假币收缴凭证"交客户，并告知客户对被收缴的货币真伪有异议，可在 3 个工作日内向中国人民银行当地分支机构或中国人民银行授权的当地鉴定机构申请鉴定。

（4）对收缴的假币登记造册，妥善保管。

对假人民币纸币，应在正面水印窗处竖向加盖蓝色油墨的"假币"戳记；在背面正中位置横向加盖蓝色油墨的"假币"戳记。加盖的"假币"戳记要清晰、完整。

严禁在假外币纸币上加盖"假币"戳记。

活动四　熟练计算机输入技能

【知识探微】

1. **中文输入技能**
2. **计算机传票输入技能**

计算机传票输入是指将传票上的账号、金额、代码等各种数据按照计算机处理程序的要求，在保证准确率的前提下通过计算机键盘快速输入系统的一项技能。在商场收银、会计记账、银行临柜等，凡是和数字有关的岗位几乎都会用到这一技能，而操作人员计算机传票输入技能水平直接影响工作的准确性和效率。

衡量计算机传票输入技能水平的指标有两个：一是准确率，二是速度。其中准确率是衡量技术水平的首要指标，必须严格要求达到 100% 的准确率。在此前提下，柜员应尽可能通过训练提高输入速度。

【场景设定】

201× 年 3 月 14 日，模拟银行 CY 市分行柜员林果（柜员号：605009）受理了客户杨杰定期整存整取开户申请和现金 10 000 元，经审核清点无误后，将客户资料录入系统，对客户的姓名、住址等中文信息，柜员林果选择使用自己熟练的五笔输入法录入，对客户的身份证号码、电话号码、存款金额等数字信息，则用数字小键盘准确迅速地完成了录入，打印出存折、存款凭条请客户确认签字并送别客户后，客户杨杰对柜员林果的服务评价是非常满意。

活动五　运用柜面服务营销技能

【知识探微】

商业银行市场营销是指把适当的产品和服务，在适当的时间、适当的地点，以适当的价格、适当的方式销售给客户的一系列市场经营活动和过程。柜面服务营销活动是商业银行促销的一种主要方式，为了提高工作效率、改善服务质量、引入市场意识，商业银行柜员必须具备以下柜面服务营销技能。

一、坚定的职业道德

（1）应熟悉财经金融法律法规，如《商业银行法》《银行业监督管理法》《储蓄管理条例》《贷款通则》《票据法》《反洗钱法》等。

（2）应树立从事银行业的荣誉感、使命感、责任感，以银行的发展为己任，认真实践企业文化和培养团队合作精神。

（3）树立客户至上的服务意识，以客户为本，尊重客户，以专业化、人性化、个性化的服务赢得客户，提高服务技能、服务质量、服务效率。

二、良好的柜员形象

（1）应统一着装，保持整洁；发型自然，不染异色；仪表大方，装饰得体；精神饱满，举止端庄。

（2）应使用"您好、请、谢谢、对不起、再见"十字文明用语，规范使用服务用语；

语句清晰、音量适中、语言文雅、礼貌用语。

（3）应以亲切、温馨的微笑有效拉近与客户之间的距离，为其营造良好的气氛。

三、创新的营销策略

（1）为不同客户提供层次化、专门化服务，以更好地满足不同客户群体的需要。

（2）引入营销理念，为客户提供超值服务，使客户得到额外满足。例如，营业厅提供大堂经理导购咨询台、个人金融理财专区面对面、无干扰服务方式等。

【场景设定】

201×年3月14日，模拟银行CY市分行柜员林果（柜员号：605009）受理了客户周波活期储蓄存折开户申请，柜员在审核客户提供的相关资料和单据时，发现客户是一位25岁左右的青年，于是微笑着向客户进行了询问："您还没有开通本行的网上银行业务吧？"在得到了客户没有开通的回答后，柜员林果向客户进行了营销："个人网上银行是我行客户通过互联网享受的综合性个人银行服务，包括账户查询、转账汇款、缴费支付、信用卡、个人贷款、投资理财（基金、黄金、外汇等）等各类服务，还有利用电子渠道服务优势提供的网上银行特有服务。办理之后，您不用跑网点排长队，也不用发愁错过营业时间。申请免费，使用免费，办理业务手续费相比柜台均有不同程度折扣和优惠。"客户笑了笑，没有积极或抗拒的表现，柜员林果乘势接着说："您现在办理只需要在开户申请书中选择电子银行开通选项，不需另外填写电子银行申请表。"客户停顿了一会儿，说："安全吗？"柜员林果肯定地回答："我们为您提供先进的网银盾，并提供短信通知、身份认证、限额控制、多重密码验证等安全设置，多重保护您的资金安全。"说到这里见客户有些动心，林果便亲切地接着说："本行网上银行功能设计人性化，步骤简单，您不需要学习即会使用。"客户点头同意办理并在开户申请书上画上了开通选项。5分钟后，客户拿着办好的活期存折、储蓄卡和网银盾，满意地离开了网点。

单元二

银行柜面对私业务处理

导读

银行柜员工作是银行的窗口，客户进入银行办理业务首先面对的就是柜员，其服务质量关系到银行的声誉。该职位一般要求柜员对客户态度亲切诚恳，为客户提供银行服务及有关理财的资讯，负责直接面向客户的柜面业务操作、查询、咨询等（后台柜员负责不需要面向客户的联行、票据交换、内部账务等业务处理及对前台业务的复核、确认、授权等后续处理）。银行柜员独立为客户提供服务并独立承担相应业务，为客户提供高质量服务。

单元目标

1. 能够运用日初处理规范流程，完成签到、领钱箱、现金出库、对私重要空白凭证出库等工作。
2. 银行柜面对私业务处理：人民币活期储蓄业务处理；人民币定期储蓄业务处理：整存整取、零存整取、存本取息、定活两便、教育储蓄；人民币其他业务处理：通知存款、一卡通业务、信用卡、个人支票、凭证业务、个人贷款业务、预约转存；外币业务处理：兑换、存取。
3. 对私日终处理。
4. 提高操作技能。
5. 培养主动思考、处理多种对私业务的能力。
6. 按规范完成业务处理活动，并礼貌待客。
7. 培养认真严谨、吃苦耐劳、心细如发的工作态度。

项目二

人民币活期储蓄业务处理

导 读

商业银行综合柜台业务日常工作的大部分是储蓄业务,熟练操作储蓄业务是做好银行综合柜员的基本条件,完成本项目工作任务是进入银行的敲门砖。人民币的活期储蓄是客户接触最多的一项业务。若要实现热情接待、服务快捷都需要柜员熟悉工作流程、规范操作技能。

任务目标

1. 了解银行个人活期存款开户业务要求和程序,掌握个人活期存款开户业务操作流程、操作规范。

2. 学会活期储蓄业务的相关操作,能在银行为客户办理活期储蓄存款开户、续存、支出、销户等业务。

3. 逐步树立岗位意识。

【知识探微】

人民币活期存款是一种不限存期,凭银行卡或存折及预留银行印鉴或密码可在银行营业时间内通过柜面或通过银行自助设备随时存取现金的存款。其特点是:

(1) 通存通兑。

(2) 资金灵活:人民币活期存款1元起存,客户可随用随取,资金流动性强。

(3) 缴费方便:客户可将活期存款账户设置为缴费账户,由银行自动代缴各种日常费用。

活期存款账户分为结算账户和储蓄账户两种,个人活期储蓄存款开户既可开成结算账户,也可开成储蓄账户。

小贴士

→ 结算账户和储蓄账户的相同点是都可以存取现金;存款都可获得利息收入且利率相同;本人名下的个人结算账户和活期储蓄账户间可以相互转账。二者的不同之处是在办理对外的资金转出或接受外部的资金转入时(包括本人异地账户汇款)只能通过结算账户办理;储蓄账户只能办理本人名下的存取款业务和转账,而不能对他人或单位转账,也不能接受他人或单位的资金转入。

关于客户号、账号与交易码

（1）客户号：客户号由10位数字组成：第1位用数字0～3表示储蓄账号，4～8表示对公账号，"9"表示内部账号。银行一般使用的是储蓄账号。第2～9位为顺序号。第10位为校验位。例如0000003488中，第1位"0"表示该客户号是储蓄账号，2～9位的00000348是顺序号，表示该客户号是银行开立的第348位客户，最后一位的8表示校验位。因为储蓄账号是0～3，所以加上顺序号后，全行可以有4亿个储蓄客户。

（2）储蓄账号：储蓄账号共15位，由前10位的客户号和后5位的账号后缀共同组成。其中账号后缀前4位为顺序号，第5位为校验位。例如000000348800010表示客户号为0000003488的客户开立的0 001第一个子户。（顺序号第5位为校验位）每个客户号下可以有1万个分户。

（3）交易码：F4+137　增加钱箱；

　　　　　　F4+1 262　修改密码。

任务一　存款开户

一、开户的基本操作流程

（1）首先，接过客户填写的开户申请书、有效身份证件和现金，审核开户申请书，鉴别身份证件。如为代理人开户，同时审核代理人的身份证件。

（2）其次，按照现金收款程序进行现金鉴别、清点，并将清点无误的现金收入款箱。

（3）再次，进行系统操作，将业务信息录入系统。请客户留存密码或其他支取方式信息。打印"存款凭条"，交客户签字确认。

（4）最后，打印存折，签章。在"存款凭条"上加盖现金收讫章或清讫章，存折上加盖储蓄业务专用章。将存款凭条收入传票作为银行会计原始凭证，将存折、身份证件交还客户并送别客户，结束该笔业务。

二、操作步骤

步骤1：提请客户填写开户申请书

人民币活期储蓄存款的开户，存款人需填写"开立个人银行账户申请书"，见图2-2。柜员应提请客户按要求认真填写，并请客户连同本人有效身份证原件、现金一并交柜员。柜员需对申请书进行审核，并与身份证件进行核对。

开立个人银行账户申请书

年　　月　　日

<table>
<tr><td rowspan="8">客户信息</td><td rowspan="5">申请人资料</td><td>中文姓名</td><td colspan="2"></td><td>拼音或英文名</td><td></td><td>性别：
□男　□女</td><td>出生日期</td><td></td></tr>
<tr><td>证件类型</td><td colspan="2">□身份证
□_____</td><td>证件号码</td><td colspan="4"></td></tr>
<tr><td>证件有效截止日期</td><td colspan="2"></td><td>固定电话</td><td colspan="2"></td><td>移动电话</td><td></td></tr>
<tr><td>通信地址</td><td colspan="4"></td><td>经常居住地</td><td>□同通信地址
□其他</td><td></td></tr>
<tr><td>国籍</td><td colspan="2"></td><td>职业及职责</td><td colspan="4"></td></tr>
<tr><td rowspan="3">代理人或监护人</td><td>中文姓名</td><td colspan="2"></td><td>性别：
□男　□女</td><td></td><td>联系电话</td><td>代办理由及关系</td><td></td></tr>
<tr><td>证件类型</td><td colspan="2">□身份证
□_____</td><td>证件号码</td><td colspan="4"></td></tr>
<tr><td>通信地址和邮编</td><td colspan="7"></td></tr>
<tr><td rowspan="4">开户及其他业务</td><td colspan="2">□银联标准卡</td><td colspan="2">□银联生肖卡</td><td colspan="2">□联名卡</td><td colspan="3">□活期一本通</td></tr>
<tr><td rowspan="2">储蓄账户</td><td colspan="2">□定期一本通</td><td colspan="2">□不自动转存式整存整取（存单）</td><td colspan="2">□存本取息</td><td colspan="2">□零存整取</td></tr>
<tr><td colspan="2">□自动转存式通知存款
□国债　　□其他</td><td colspan="2">□不自动转存式通知存款</td><td colspan="2">□通知存款一户通</td><td colspan="2">存期：</td></tr>
<tr><td rowspan="2">存款信息</td><td colspan="2">存单折通兑方式

□通兑
□不通兑</td><td colspan="2">存单折支取方式

□留密
□其他</td><td>币种

□钞
□汇</td><td colspan="2">金额　亿 千 百 十 万 千 百 十 元 角 分</td><td>大额资金来源</td></tr>
<tr><td colspan="9"></td></tr>
<tr><td colspan="2">银行记录</td><td colspan="9">交易时间：</td></tr>
<tr><td colspan="11">会计主管：　　　　授权：　　　　复核：　　　　录入：</td></tr>
<tr><td colspan="2">客户确认</td><td colspan="9">本人保证本申请书资料真实有效；同意遵守《储蓄管理条例》《客户开户须知》以及监管部门和贵行有关个人业务规定。对因违反规定而造成的损失和后果，本人愿意承担一切责任。

客户签名：　　　　　　　　　　代理人或监护人签名：

　　　　　　　　　　　　　　　　　　　　　　　　　　银行（签章）：</td></tr>
</table>

图 2-2　开立个人银行账户申请书

【知识探微】

个人有效身份证件有:

(1) 居住在境内的中国公民,为居民身份证、临时居民身份证、户口簿、护照。

(2) 居住在境内的16周岁以下的中国公民,为居民身份证、临时居民身份证、户口簿。

(3) 中国人民解放军军人,为军人身份证件;中国人民武装警察,为武装警察身份证件;军队(武装警察)离退休干部,为离休干部荣誉证、军官退休证、文职干部退休证;在解放军军事学院学习的现役军人,为军事院校学员证。

(4) 香港、澳门同胞,为港澳同胞回乡证或者入出境通行证;台湾居民,为台湾居民来往大陆通行证或者其他有效旅游证件。

(5) 居住在境内或境外的中国籍的华侨,可以是中国护照。

(6) 外国公民,为护照。

(7) 外国边民,为护照或所在国制发的《边民出入境通行证》。

(8) 除此之外,依照我国法律及国家监管机构相关规定执行。

小贴士

个人存款账户实名制

我国的金融机构实行个人存款账户实名制,规定在开立储蓄账户、大额取款、大额转账、购买有价证券、代为他人办理业务、办理挂失、查询、冻结止付、办理提前支取等业务时,需客户提交有效身份证件。客户提交的有效身份证件是指:居民身份证、户口簿、护照、军人身份证、港澳居民往来内地通行证、台湾居民来往大陆通行证等。

步骤2:点收现金

柜员接过客户现金应进行认真的清点、检验和捆扎。清点现金按"三先三后"程序操作,收入现金必须坚持手工清点,并用带有检伪功能的点钞机进行两遍复点。收入的现金应捆扎成"把"(纸币100张)或"卷"(硬币50枚或100枚),并在腰条侧面加盖柜员个人名章,核对无误后放入现金箱保管,收妥的现金应按券别、残好分别归位入箱,做到一笔一清,妥善保管。收款中发现现金与储户所述金额不符,应立即退还全部现金并向交款人讲明,待客户核实后,再按交款人确认金额重新清点。发现的假币最后经中国人民银行收缴。

假币的处理

清点现金时,若发现假币,应当即告知客户,并由两名(含)以上持有反假货币上岗资格证书的人员在客户视线内(假币不得离开监控范围)办理假币收缴手续。若为假纸币还需在假币正反面上加盖"假币"戳记。柜员输入交易码,进入"假币收缴"界面,录入相关信息后打印假币收缴凭证,并请客户签字确认。

若客户拒绝签字,应在客户签字栏注明"客户拒签",然后在假币收缴凭证上加盖经办和复核人员名章和业务公章。柜员一次性发现假人民币20张(含)以上、假外币10张(含)以上的,应立即报告当地公安机关。

步骤3:进行计算机系统操作

审核申请书并清点现金无误后,进入计算机个人储蓄界面,先建立客户信息,然后输入业务信息办理业务。客户首次在本银行办理业务时,系统产生唯一的客户号,它是该客户开立各种存款账户的依据。

步骤4:打印存折与凭条

存款交易成功后,柜员根据系统提示打印存款凭条和存折,存款凭条交客户签字确认收回,见图2-3~图2-5。

个人业务存款凭条

年　月　日

银行打印	户名　　　　账(卡)号　　　　顺序号 币种　　　　钞汇标志　　　存款金额 业务类型　　存期　　　　转存标志　　转存期限 日期　　　　日志号　　　交易码　　流水号　　柜员号
客户备注	账(卡)号_____ 币种_____序号_____ 存期_____□钞 □汇 □到期转存 约转存期___月 □到期不转存　　金额 [亿千百十万千百十元角分]	客户确认	本人已确认银行打印记录正确无误。 客户签名:_____

事后监督　　　　　　　　　　　　　　　经办

图2-3　个人业务存款凭条

活期一本通存折

账号 ---006091029100010------　　户名 ---- 琴锡练 ------
办卡标志 -------------------
开户网点名称 ----------------
凭证号 ----11100001---------
　　　　　　　　　　　　　　　银行签章
签发日期—06/09/13-----　通存通兑 --- 通 ----　印密 --- 密 ---

序号	交易日期	属性	注释	币种钞/汇	支出(-)或存入(+)	结余	网点号	操作
01	06/09/13	001	开户	RMB 钞	+4 000.00	4 000.00	0609	S0030

图2-4　活期一本通存折

活期存折

账号...　　　　　户名...........................
办卡标志......................................　　　　　币种...........................
开户网点名称..................................　　　　　钞汇标志.......................
凭证号码......................................

（银行签章）

签发日期..............　　属性..............　　通存通兑..........　　印密........

日期	注释	支出（－）或存入（＋）	结余	网点号	操作
1					
2					
3					
4					
5					
6					
7					
8					
9					
10					

图 2-5　活期存折

步骤 5：存折签章后交客户

在打印的存款凭条上加盖现讫章、存折上加盖业务公章。完成后，将存折、身份证件、客户留存凭证交给客户。

任务二　续　存

【场景设定】

201×年3月14日，客户刘丽到模拟银行CY市分行个人业务柜台续存现金8 000元，柜员李阳（柜员号：203006）接待了她，并圆满完成了业务。

续存的基本操作流程如下：

（1）柜员收取客户交来的现金和存折，口头询问客户存款金额。若需填写存款凭条，则需要客户将存款凭条连同现金和存折一起交柜员。

（2）然后是点收现金，并进行口头核对，核对无误后现金入箱。如果存款金额超过柜员现金限额，则需获得授权。

(3) 读取存折磁条，进行系统操作，录入业务信息，见图2-6。

图2-6　活期储蓄存款续存操作界面

(4) 柜员打印存折和个人业务存款凭条，客户审核凭条无误后，在存款凭条上签字确认。

(5) 柜员在存款凭条上加盖现金收讫章或清讫章和名章。授权业务加盖授权人名章。

(6) 柜员将存折交客户，然后送别客户，保存存款凭条作为办理业务的凭证。

【知识探微】

普通客户与一卡通客户

客户在银行办理业务，首先要拥有一个在银行的"身份"，这个身份可以是普通客户身份，也可以是一卡通客户身份。如果是普通客户，在该行拥有普通客户号，可以办理普通活期、普通整存整取、普通定活两便、普通零存整取、普通通知存款、普通教育储蓄、存本取息业务；如果是一卡通客户，在本行拥有一卡通客户号，可以办理一卡通活期、一卡通整存整取、一卡通定活两便、一卡通零存整取、一卡通通知存款、一卡通教育储蓄业务。客户是普通客户身份，该行在给其办理普通业务时，要分别给客户相应的凭证；客户是一卡通客户身份，该行在给其办理一卡通业务时，可以根据客户的要求给其一本通凭证或一卡通凭证：一本通凭证即为"本"的形式，既可以办理活期业务，也可以办理整存整取业务等；一卡通凭证即为"卡"的形式，既可以办理活期业务，也可以办理整存整取业务等。

任务三　支　取

【场景设定】

201×年3月14日，客户刘丽到模拟银行CY市分行个人业务柜台支取现金8 000元，柜员李阳（柜员号：203006）接待了客户，并圆满完成了业务。

李阳取款的基本操作流程如下：

(1) 收取客户交来的存折，询问客户取款金额。若需填写"取款凭条"，则由客户填写"取款凭条"连同存折一起交柜员。若取款金额超过5万元，则还应提交身份证件。柜员与客户口头核对取款金额，或由柜员审核"取款凭条"。对取款金额超过5万元的，还应审核身份证件及取款人身份，并摘录身份证件号码。

（2）读取存折磁条，进行系统操作，录入业务信息，见图2-7。如果取款金额超过柜员现金限额，则需获得授权。

（3）打印个人业务取款凭条（图2-8）、活期存折，请客户核对凭条，无误后在个人业务存款凭条上签字确认。

（4）柜员在取款凭条上加盖现金收讫章或清讫章和名章。授权业务加盖授权人名章。

（5）按照现金付款流程配款，同时将现金、存折、身份证件交还客户。如客户对现金面值有特殊要求，在条件允许的情况下，柜员应当予以满足。最后，保存取款凭条作为办理业务的凭证。

图2-7　活期储蓄存款支取操作界面

个人业务取款凭条

年　　月　　日

银行打印	户名	账（卡）号		顺序号	
	币种	钞汇标志		存款金额	
	业务类型	存期	转存标志	转存期限	
	日期	日志号	交易码	流水号	柜员号
客户备注	账（卡）号_____ 币种_____序号_____ 存期_____□钞　□汇 □到期转存　约转存期___月 □到期不转存	金额	亿|千|百|十|万|千|百|十|元|角|分	客户确认	本人已确认银行打印记录正确无误。 客户签名：_____

图2-8　个人业务取款凭条

任务四 销　户

【场景设定】

201×年3月14日（当日银行挂牌活期存款利率为0.35%），客户刘丽到模拟银行CY市分行个人业务柜台要求将其活期账户销户，柜员李阳（柜员号：203006）接待了客户，并圆满完成了业务。

【知识探微】

一、活期储蓄利息计算方式

（1）结息日：有结息规定：每季度结息一次。每季度末月的20日作为结息日，21日支付利息。

（2）付息日和计息利率：计息期内如遇利率调整，不分段计息，均以结息日挂牌公告的活期存款利率计付利息。未到结息日清户的，按清户日挂牌公告的活期存款利率算至清户日的前一天止。

（3）计息起点：利息计算时，本金以"元"为起息点，元以下不计息。利息计算至分位，分以下四舍五入。

（4）计息天数：存期采用对年、对月、对日的办法计算，每月按30天计算，每年按360天计算，不足1个月的零头天数按实存天数计算。（注：目前部分银行按实际每月天数计算利息，每年按365天计息）存款天数一律算头不算尾，即从存入日起息，算至取款前1天止，支取日不计利息。

（5）计息方法：活期储蓄存款采用"日积数计息法"，即应付利息 = 累计日积数 × 日利率（累计日积数 = 本金 × 存款天数），日利率 = 年利率（%）÷360。

二、销户的基本操作流程

（1）听取客户销户要求并提请客户提交存折和身份证，要求客户在销户申请书上签字。

（2）然后进入系统查询存折余额（见图2-9），个人业务打印取款凭条、活期存折和储蓄存款利息清单（图2-10），将取款凭条交给客户签字确认。如果取款金额超过柜员限额，还应获得授权。

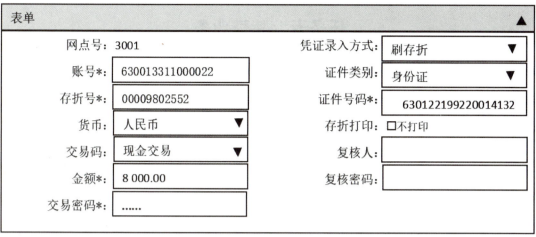

图 2-9　活期储蓄存款销户系统操作界面

储蓄存款利息清单

年　月　日

户名					账号			
储种	本金	类别	利率/%	利息	应税利息	税率/%	税金	
网点号	现转标志	税后利息	税后本息合计	操作	备注			

第二联　客户留存　　　　　事后监督　　　　　复核（授权）　　　　　经办

图 2-10　储蓄存款利息清单

（3）在取款凭条、利息清单加盖现金付讫章或现金清讫章和名章。

（4）柜员按取款单、利息清单上应付本息金额配款。

（5）将现金、身份证件和利息清单回单联交客户，送别客户。取款凭条、利息清单作为活期储蓄销户的业务凭证。存折剪角作附件，柜员整理归档凭证。

小贴士

→ 有关利息所得税金的规定。根据国务院及国家税务总局的有关规定，1999 年 11 月 1 日以后孳生的储蓄存款利息所得，依法征收 20% 的个人所得税。自 2007 年 8 月 15 日起，将储蓄存款利息所得个人所得税的适用税率由 20% 调减为 5%。自 2008 年 10 月 9 日起，对储蓄存款利息所得暂免征收个人所得税。储蓄存款利息所得应该按照政策调整前和调整后分时段计算，要按照不同的税率计征个人所得税。计算公式如下：

应纳税额 = 应付利息 × 税率

实付利息 = 应付利息 − 应纳税额

任务五 特殊业务

【知识探微】

常见的柜面特殊业务包括存折补登、换折、更改密码和挂失四种。

1. 存折补登的基本操作流程

（1）由于客户在自助设备或网上办理业务等原因发生未登折记录需要补登存折时，可由柜员在有折存款、取款交易中直接登折。

（2）也可由柜员通过刷读存折账号、凭证号等信息，使用"活期储蓄补登折"交易，在存折上打印未登折信息。

（3）还可以由储户自己在存折补登机上自行操作，在存折上打印未登折信息。

2. 挂失的基本操作流程

（1）首先要求客户提交本人身份证件并填写"活期储蓄挂失申请书"。

（2）审核身份证和挂失申请书无误后，使用客户信息查询交易查询客户信息、账号等要素，并进行核对。

（3）使用挂失交易进行处理，录入挂失信息。

（4）交易成功后，打印挂失交易记录。收取挂失业务手续费，打印手续费收款凭证，请客户在手续费收款凭证上签字。

（5）在挂失申请书上加盖业务公章和名章，将一联挂失申请书和手续费收款凭证交客户并送别客户。最后整理归档凭证。

撷贝

挂失可分为两种情况进行处理：

（1）口（函电）挂失的，在提供有关要素以及银行查实挂失人款项未被他人领取后办理，客户必须在5天内补办书面申请挂失手续。

（2）书面挂失的，客户须到原存款行办理，挂失时客户应持本人有效身份证件并提供账户、户名、开户时间、金额、币种、期限等有关存款内容，经银行审核无误后，查实却未支付即可办理挂失。客户须填写储蓄挂失申请书，其中一联回单由客户留存，并在7日后持申请书及本人身份证件到开户行领取新存折办理转存或取现手续。

小贴士

挂失与解挂

挂失需要本人提供身份证，如果知道账号最好直接提供账号，可以节约办理时间。办理挂失时需要进行密码验证。挂失必须7天后才能解挂，不能提前解挂，所以办理挂失的7天后还需要本人去办理解挂的手续。

项目三

人民币定期储蓄业务处理

导　读

人民币的定期储蓄业务包括多种形式，是客户办理最多的业务之一。柜员只有熟悉工作流程，进行规范操作，熟练运用技能，才能为客户提供高质量的服务，快捷地完成工作。

任务目标

1. 了解银行个人定期存款开户业务要求和程序，掌握个人定期存款开户、续存、销户等业务操作流程、操作规范。

2. 学会定期储蓄业务的相关操作，能在银行为客户办理人民币定期储蓄业务，包括整存整取、零存整取、存本取息、定活两便、教育储蓄等。

3. 逐步树立岗位意识。

任务一　整存整取

【知识探微】

整存整取是以存单为取款凭证。其是指存款人在存款时约定存期一次整笔存入，到期一次支取本金和利息的一种定期存款。根据个人存款账户实名制的要求，整存整取业务，须客户提交有效身份证件。代理他人办理开户时，须同时提供代理人和被代理人的有效身份证件。整存整取主要有以下几个特征：

（1）50元起存，多存不限。存期分3个月、6个月、1年、2年、3年和5年。具有利率较高、可约定转存、可质押贷款、可提前支取等特点。

（2）未到期的定期存款，全部提前支取的，按照支取日挂牌公告的活期存款利率计付利息；部分提前支取的，提前支取的部分按支取日挂牌公告的活期存款利率计付利息，剩余部分到期时按开户日公告的定期储蓄存款利率计付利息。

（3）整存整取定期储蓄可由客户约定转存期，到期后按约定的转存期最多99次自动转存；若客户未约定转存期的，在存款期按原定利率计息，逾期按支取日活期挂牌利率计息。

（4）整存整取开户，须存款人填写"储蓄存款凭条"并连同有效身份证原件、现金一并交柜员。柜员对客户填写的存款凭条要素进行审核。

【场景设定】

柜员李阳（柜员号：203006）上班了，他做好准备工作，更换服装，摆好物品，开晨会，完成日初处理，准备接待客户。客户刘丽到模拟银行CY市分行个人业务柜台办理整存整取业务：

（1）客户持现金30 000元，要求做3个月定期存款。

（2）客户因急需用钱，提前支取20 000元。

（3）该客户将定期账户中10 000元支出并将双整账户销户。柜员李阳接待了客户，并圆满完成了业务。

1．整存整取开户具体步骤

根据个人存款账户实名制的要求，整存整取业务，客户须提交有效身份证件。代理他人办理开户时，须同时提供代理人和被代理人的有效身份证件。核对信息及金额无误后，进行业务处理。

（1）客户填写开户申请书（见图2-11）。

（2）开普通客户，生成该客户在该行的客户号。

（3）系统录入操作，选择"定期储蓄现金开户"交易，正确输入客户信息。将客户现金存入整存整取账户：个人储蓄—整存整取—普通整存整取开户。

（4）打印整存整取定期储蓄存单（图2-12）、个人业务存款凭条并请客户核对签字。

（5）柜员将整存整取定期储蓄存单、开立个人银行结算账户申请书的回单联、存款凭条回执及客户有效证件一同交还客户。

开立个人银行账户申请书

年　　月　　日

客户信息	申请人资料	中文姓名		拼音或英文名		性别： □男　□女		出生日期	
		证件类型	□身份证 □_____	证件号码					
		证件有效截止日期		固定电话			移动电话		
		通信地址				经常居住地		□同通信地址 □其他	
		国籍		职业及职责					
	代理人或监护人	中文姓名		性别： □男　□女		联系电话		代办理由及关系	
		证件类型	□身份证 □_____	证件号码					
		通信地址和邮编							

开户及其他业务	储蓄账户	□银联标准卡　　□银联生肖卡　　□联名卡　　□活期一本通												
		□定期一本通　　□不自动转存式整存整取（存单）　　□存本取息　　□零存整取												
		□自动转存式通知存款　　□自动转存式通知存款　　□通知存款一户通 □国债　　□其他											存期：		
	存款信息	存单折通兑方式	存单折支取方式	币种	金额	亿	千	百	十	万	千	百	十	元	角	分	大额资金来源
		□通兑 □不通兑	□留密 □其他	□钞 □汇													

银行记录	交易时间：

会计主管：	授权：	复核：	录入：

客户确认	本人保证本申请书资料真实有效；同意遵守《储蓄管理条例》《客户开户须知》以及监管部门和贵行有关个人业务规定。对因违反规定而造成的损失和后果，本人愿意承担一切责任。
	客户签名：　　　　　　　　　代理人或监护人签名：

银行（签章）：

图 2-11　开立个人银行账户申请书

整存整取定期储蓄存单

(KW) 000133

户名：	账号：	储种：
币种：	金额（大写）：	
开户行名：		

存入日期	金额（小写）	存期	年税率/%	起息日	到期日	支取方式	转存标志

客户印鉴　　事后监督　　支取时：　　复核（授权）　　柜员　　存入时：　　复核（授权）　　柜员

图 2-12　整存整取定期储蓄存单

> **小贴士**
>
> **双整或整整**
>
> 　　整存整取也叫双整或整整。柜员在使用凭证时，一定按顺序取用，不得跳用。
>
> 　　整存整取提前支取，按活期利率计算并支付利息。客户要将整存整取中部分现金提前支取时，通常是将取出的一部分现金急用，而不想损失另一部分现金双整储蓄的利息。此时，客户需将原整存整取存单与有效证件交予柜员，柜员操作时，应将原存单作废，剩余存款金额重新打印新存单，最后把提前支取的现金、新存单、有效证件一同交给客户。

临柜柜员和非临柜柜员的联系与区别

　　临柜柜员直接面对客户，对外办理现金收付业务；非临柜柜员服务于临柜柜员，负责临柜业务的后续处理，不能直接面对客户，其柜员终端不设在营业窗口处，不能对外办理现金收付业务。在综合应用系统中，临柜柜员既配置现金箱，又配置凭证箱；而非临柜柜员仅配置凭证箱，不得配置现金箱。非临柜柜员的工作既区别于临柜综合柜员，又服务于临柜综合柜员，既办理具体的清算业务，又是营业场的管理者和监督者。

2. 提前支取部分双整存款操作步骤

　　客户提交存单或存折、有效身份证件。代理他人办理开户时，须同时提供代理人和被代理人的有效身份证件。柜员审核存单或存折中整存整取业务是否到期。

　　（1）系统录入操作，选择"整存整取提前支取"交易。

　　（2）收回客户存单。

　　（3）打印储蓄存款利息清单及个人业务取款凭条并请客户签字，打印新的整存整取定期储蓄清单存单。

小贴士

整存整取的利率计算

1. 计息起点

利息计算时,本金以"元"为起息点,元以下不计息。利息计算至分位,分以下四舍五入。分段计息时,各段利息计至厘位,合计利息计至分位。

2. 到期日

整存整取定期储蓄存款的到期日以对年、对月、对日为准。若开户日为到期月份所缺日期,则以到期月份的最末一天为到期日。计算利息时,存款天数一律算头不算尾。

3. 计息方法

整存整取定期储蓄存款到期支取采用"单利计息法",具体计算公式:

$$应付利息 = 本金 \times 存期 \times 利率$$

4. 计息利率

(1)按存入日挂牌公告的相应期限档次整存整取定期存款利率计息。定期存款利随本清,遇利率调整,不分段计息。

(2)全部或部分提前支取的,支取部分按支取日挂牌公告的活期储蓄存款利率计息,未提前支取部分仍按原存单利率计息。

(3)逾期支取的,超过存单约定存期部分,除约定自动转存外,按支取日挂牌公告的活期储蓄存款利率计息。

5. 约定转存和自动转存利息计算

银行对约定转存及自动转存的储蓄存款以转存日的利率为计息依据,转存时,会把原来储蓄存款的本金和利息都按约定转成定期储蓄存款。

撷贝

在本操作系统中,如果采用普通定期形式,整存整取要用整存整取存单,零存整取、存本取息、教育储蓄业务要用普通存折,定活两便业务要用定活两便存单。

如果采用一卡通或一本通定期形式,则一卡通或一本通上可同时办理整存整取、零存整取、教育储蓄、定活两便业务。同学们发现什么了吗?办理存本取息业务只能让客户成为普通客户。

3. 全部提前支取双整存款操作步骤

人民币整存整取定期储蓄存款全部提前支取参照部分提前支取业务流程,不同之处在于:柜员不需打印新的整存整取存单,利息按照全部支取金额、实存天数及支取日银行挂牌活期存款利率计算。

小贴士

单利和复利

单利是对已过计息日而不提取的利息不计利息的一种方法。

复利是将上期利息并入本金一并计算利息的一种方法。

4. 到期支取双整存款操作步骤

人民币整存整取定期储蓄存款到期支取参照部分提前支取业务流程，不同之处在于：柜员不需打印新的整存整取存单，利息按照全部支取金额、实存天数及支取日银行挂牌活期存款利率计算。

5. 逾期支取双整存款操作步骤

人民币整存整取定期储蓄存款逾期支取参照部分提前支取业务流程，不同之处在于：柜员不需打印新的整存整取存单，利息按照到期利息和逾期利息的合计数计算。

任务二　零存整取

【知识探微】

零存整取指储蓄开户时约定存期，每月以约定的固定金额存入，到期一次支取本息的一种定期存款。

（1）起存金额与存期：一般5元起存，多存不限。存期分为1年、3年、5年。

（2）特点：①积少成多，可培养理财的习惯；②可提前支取；③可约定转存；④可质押贷款。

活动一　开户

【场景设定】

客户刘丽（身份证号：101082008100604315；地址：北京市海淀区逸成东院11号楼1601；邮政编码：650032；电话：6236561。）到模拟银行CY市分行办理零存整取定期储蓄存款存折开户。约定月存1 500元，存期1年（存入日银行挂牌零存整取利率为2.85%），柜员李阳（柜员号：203006）接待了客户，并圆满完成了业务。

根据个人存款账户实名制的要求，零存整取业务，须客户提交有效身份证件。代理他人办理开户时，须同时提供代理人和被代理人的有效身份证件。核对信息及金额无误后，进行业务处理。

零存整取开户具体步骤：

（1）客户填写银行开立个人银行账户申请书。

（2）开普通客户，生成该客户在该行的客户号。

（3）系统录入操作，选择"定期储蓄现金开户"交易，正确输入客户信息。将客户现金存入零存整取账户：个人储蓄—零存整取—普通零存整取开户，零存整取开户操作界面见图2-13。

（4）打印零存整取存折（图2-14）、个人业务存款凭条并请客户核对签字。

（5）柜员将存单、开立个人银行结算账户申请书的回单联、个人业务存款凭条回执及客户有效证件一同交还客户。

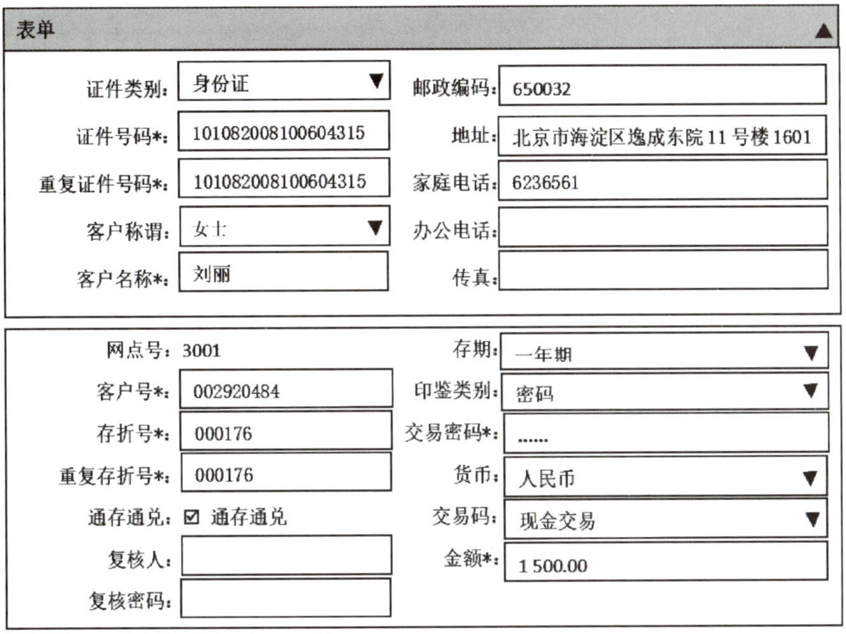

```
表单
    证件类别：   身份证  ▼        邮政编码：  650032
    证件号码*：  1010820081000604315   地址：    北京市海淀区逸成东院11号楼1601
    重复证件号码*：1010820081000604315  家庭电话： 6236561
    客户称谓：   女士    ▼        办公电话：
    客户名称*：  刘丽              传真：

    网点号：    3001             存期：     一年期    ▼
    客户号*：   002920484          印鉴类别：  密码     ▼
    存折号*：   000176            交易密码*： ……
    重复存折号*： 000176            货币：     人民币    ▼
    通存通兑：  ☑ 通存通兑         交易码：   现金交易   ▼
    复核人：                    金额*：    1 500.00
    复核密码：
```

图 2-13　零存整取开户操作界面

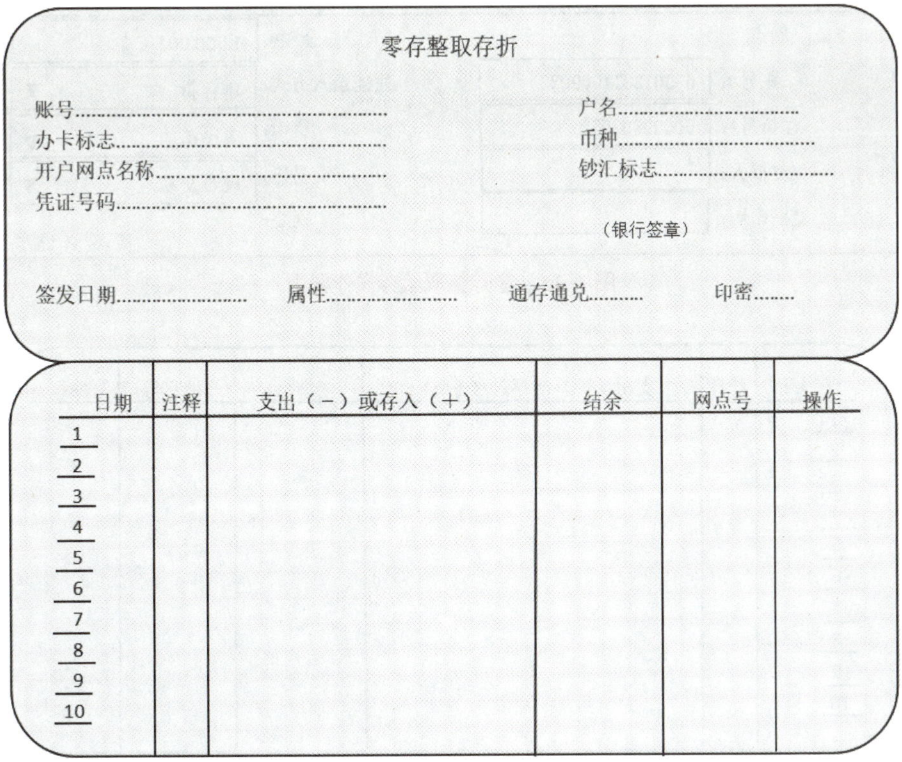

```
              零存整取存折
  账号…………………………        户名………………………
  办卡标志……………………        币种………………………
  开户网点名称………………        钞汇标志…………………
  凭证号码……………………
                                  （银行签章）

  签发日期………  属性………  通存通兑………  印密………
```

日期	注释	支出（−）或存入（+）	结余	网点号	操作
1					
2					
3					
4					
5					
6					
7					
8					
9					
10					

图 2-14　零存整取存折

> 小贴士
>
> —— 零存整取：一般 5 元起存，每月存入一次，只是每月要按开户时约定的金额进行续存。分 1 年、3 年、5 年三个时间段。中途如有漏存，应在次月补齐。该储种不允许部分提前支取，可以全部提前支取，提前支取利息全部按活期利息计算。

活动二 续存

 【场景设定】

201×年3月14日，客户刘丽持零存整取定期储蓄存款存折到模拟银行CY市分行办理续存1 500元，柜员李阳（柜员号：203006）接待了客户，并圆满完成了业务。

人民币零存整取定期储蓄存款，续存具体步骤可参照人民币活期储蓄开户流程，客户办理现金续存时，不需要填写"存款凭条"，也不需要出示身份证件，只需要将存折、现金递交柜员，柜员审核无误后，进行系统操作（图2-15）并打印存折即可，零存整取存折内页如图2-16所示。

表单			
网点号：		金额*：	1 500.00
账号*：	630013311000022	凭证录入方式：	刷存折 ▼
存折号*：	00009802552	货币：	人民币 ▼
复核人：		交易码：	现金交易 ▼
复核密码：		摘要：	

图 2-15 零存整取续存操作界面

日期	注释	支出（-）或存入（+）	结余	网点号	操作
1					
2					
3					
4					
5					
6					
7					
8					
9					
10					

图 2-16 零存整取存折内页

活动三　全部提前支取

【场景设定】

201×年3月14日，客户刘丽因急需用钱，持零存整取定期储蓄存款存折到模拟银行CY市分行办理全部提前支取，支取日银行挂牌活期储蓄存款利率为0.35%，柜员李阳（柜员号：203006）接待了客户，并圆满完成了业务。

人民币零存整取定期储蓄存款，全部提前支取具体步骤可参照人民币定期整存整取提前支取业务流程，不同之处在于：柜员应注意审核业务是否已到期，是否有漏存及违约，所付利息是否按利率规定计息。柜员审核无误后，进行系统操作（图2-17）并打印个人业务取款凭条、储蓄存款利息清单即可。

图2-17　零存整取全部提前支取操作界面

【知识探微】

1．计息利率

（1）按存入日挂牌公告的相应期限档次零存整取定期储蓄存款利率计息。遇利率调整，不分段计息，利随本清。

（2）违约前存入的金额，按约定的零存整取定期储蓄存款利率计息；违约后存入的部分，支取时按活期存款利率计息。

（3）提前支取的，按支取日挂牌公告的活期储蓄存款利率计息。

（4）提前支取不满月的零头天数不计息，当月存入的金额不计息。

2．计息方法

人民币零存整取定期存款采用"月积数计息法"计算利息。其计算公式如下：

应付利息 = 月存本金 × 累计月积数 × 月利率

累计月积数 = 存储月数 ×（储蓄月数+1）÷ 2

其中，1年期的累计月积数为78，3年期的累计月积数为666，5年期的累积月积数为1 830。

3．有关利息所得税金的规定

与人民币活期储蓄存款的有关规定相同。

活动四　到期销户

【场景设定】

201×年3月14日，客户刘丽持1年期零存整取定期储蓄存款存折到模拟银行CY市分行办理到期销户，柜员李阳（柜员号：203006）接待了客户，并圆满完成了业务。

人民币零存整取定期储蓄存款，到期销户具体步骤可参照人民币定期整存整取到期支取业务流程，但不同之处在于：柜员应注意审核是否有漏存及违约，所付利息是否按利率规定计息。柜员审核无误后，进行系统操作（图2-18）并打印零存整取存折、个人业务取款凭条、储蓄存款利息清单即可。

图2-18　零存整取到期销户操作界面

任务三　存本取息

【知识探微】

存本取息，是指储蓄一次存入本金，在约定存期内分次支取利息，到期一次支取本金和最后一次利息的一种定期存款。

一、存本取息特征

（1）起点金额与存期一般为5 000元起存，多存不限。存期分为1年、3年、5年。

（2）存款利率：存本取息储蓄存款在约定存期内需提前支取，利息按取款当日银行挂牌公告的活期储蓄的利率计息，存期内已支取的定期储蓄利息要一次性从本息中扣回。

（3）特点：①起存金额较高；②可多次支取利息，灵活方便；③可质押贷款；④可提前支取。

二、任务工作流程

存本取息定期储蓄可以全部提前支取，但不能办理部分提前支取。

三、业务处理

（1）开普通客户。若客户在该行已有普通客户号，可不必再开客户。

（2）将客户现金存入存本取息账户：个人储蓄—存本取息—存本取息开户。办理业务登折后，将普通存折及有效身份证件交予客户。

（3）将客户存本取息账户销户。销户时，柜员需核对客户身份信息：个人储蓄—存本取息—存本取息销户。柜员销户时需将存折中所有余额和利息取出，连同有效身份证件交予客户，如客户不需要保留存折，还需将存折剪角收回。

存本取息的取息日、到期日均为开户日的对日。开户时按约定存期和分次支取利息的期次，预先算出每次应取的利息。计算公式为：

每次支取的利息 =（本金 × 存期 × 利率）÷ 支取利息次数

任务四　定活两便

活动一　开户

【知识探微】

定活两便是以存单为取款凭证，存款时不约定存期，随时可以提取，利率随存期长短而变动的一种介于活期和定期之间的储蓄业务品种。

1．起点金额与存期

一般 50 元起存，存期不确定。

2．存款利率

（1）存期不满 3 个月，按天数计付活期利息。

（2）存期 3 个月以上（含 3 个月），不满半年的，整个存期按支取日定期整存整取 3 个月存款利率打 6 折计息。

（3）存期半年以上，不满 1 年的，按支取日定期整存整取半年期利率打 6 折计息。

（4）存期 1 年以上，一律按支取日整存整取 1 年期存款利率打 6 折计息。

3．特点

（1）存期灵活，流动性较好。

(2) 可质押贷款。

> **定活两便的利息计算**
>
> 定活两便储蓄存款存期在 3 个月以内的按活期计算；存期在 3 个月以上的，按同档次整存整取定期存款利率的 6 折计算；存期在 1 年以上（含 1 年），无论存期多长，整个存期一律按支取日定期整存整取 1 年期存款利率打 6 折计息。其公式如下：
>
> 利息 = 本金 × 存期 × 利率 × 60%

活动二　销户

【场景设定】

201× 年 8 月 14 日，客户刘丽持定活两便存折及本人身份证件到模拟银行 CY 市分行个人业务柜台申请销户，柜员李阳（柜员号：203006）接待了客户，并圆满完成了业务。（假定支取日挂牌公告的银行活期储蓄存款利率为 0.35%，3 个月整存整取定期利率为 2.85%，6 个月整存整取定期利率为 3.05%，1 年期整存整取定期利率为 3.25%。）

人民币定活两便储蓄存款销户参照人民币活期储蓄销户流程，只是在利息计算规定上有所不同，柜员应选择定活两便操作界面，打印储蓄存款利息清单及个人业务取款凭条。

任务五　教育储蓄

【知识探微】

教育储蓄是指个人按国家有关规定在指定银行开户、存入规定数额资金、用于教育目的的专项储蓄。其是居民个人为其子女接受非义务教育而每月固定存入一定金额，到期支取本息的一种储蓄，是一种专门为学生支付非义务教育所需教育金的专项储蓄，是零存整取的一种特别形式。

1. 起存金额与存期

50 元起存，每户本金最高限额 2 万元。存期分为 1 年、3 年、6 年。

2. 存款利率

到期支取时，凭存折、身份证、户口簿（户籍证明）以及学校提供的正在接受非义务教育的学生身份证明（税务局印制），一次支取本金和利息。1 年期、3 年期教育储蓄按开户日同档次整存整取定期储蓄利率计息。6 年期按开户日 5 年期整存整取定期储蓄存款利率计息。储户不能提供证明，其教育储蓄不享受利息税优惠。存款利率参照同档次零存整取定期储蓄利率。

活动一　开户

教育储蓄采用实名制，开户时，储户要持本人（学生）户口簿或身份证，到银行以储户本人（学生）的姓名开立存款账户。到期支取时，储户需凭存折及有关证明一次支取本息。

教育储蓄的开户，需存款人填写"储蓄存款凭条"并连同有效身份证原件、现金一并交予柜员。柜员对客户填写的存款凭条要素进行审核。尤其注意审核其学生身份。

活动二　销户

【知识探微】

柜员销户时需将存折中所有余额和利息取出，连同有效身份证件交给客户，如客户不需保留存折，还需将存折剪角收回。如客户未每月按规定金额存款，次月也未及时补齐，则视为单方违约。教育储蓄账户失效（销户）。

小贴士

教育储蓄的利息计算

（1）1年期、3年期、6年期的教育储蓄存款分别按开户日1年期、3年期、5年期挂牌的整存整取储蓄存款利率计付利息并免交个人所得税。

（2）目前存款均无个人所得税，因此教育储蓄的优势不明显。

（3）逾期支取的，其超过原定存期的部分，按支取日活期储蓄存款利率计付利息。

项目四

人民币其他业务处理

任务目标

1. 了解银行人民币其他业务处理的要求和程序，掌握个人其他业务处理的操作流程、操作规范。

2. 能在银行为客户办理其他业务，包括通知存款、一卡通业务、信用卡、个人支票、凭证业务、个人贷款业务等。

任务一　通知存款

通知存款是指客户存款时不必约定存期，支取时需提前通知银行，约定支取存款日期和金额方能支取的一种存款品种。存款利率高于活期储蓄利率。存期灵活、支取方便，能获得较高收益。适用于大额、存取较频繁的存款。

根据个人存款账户实名制的要求，办理通知存款业务，需客户提交有效身份证件。代理他人办理开户时，须同时提供代理人和被代理人的有效身份证件。

小贴士

通知存款种类

（1）通知存款不论实际存期多长，按存款人提前通知的期限长短划分为1天通知存款和7天通知存款两个品种。

（2）1天通知存款必须提前1天通知约定支取存款，7天通知存款则必须提前7天通知约定支取存款。

撷贝

通知存款的利率与活期利率比较（2019年现行）：

（1）活期存款利率：0.30%。

（2）1天通知存款利率：0.55%。

（3）7天通知存款利率：1.10%。

活动一 开户

人民币个人通知存款开户参照人民币活期储蓄开户流程，不同之处在于：柜员审核客户填写的申请书应选择储种为个人通知存款，柜员应选择个人通知存款操作界面，打印个人通知存款存单及存款凭条。

活动二 通知

【场景设定】

201×年8月14日，客户刘丽电话委托模拟银行CY市分行个人业务柜台办理通知手续，电话告知个人通知存款存单编号为00190，预定将于9月29日支取300 000元，柜员李阳（柜员号：203006）接待了客户，并圆满完成了业务。其具体操作步骤如下：

（1）客户申请：客户电话委托。
（2）柜员审核：审核通知存款存单内容（包括户名、账号、通知日期、支款日期、金额等），与客户提供信息核对。
（3）柜员办理：①在系统内作通知批注。②打印通知单，按账号顺序排列，专夹保管。
（4）送别客户：柜员与客户确认支取时间，无误后与客户道别。

通知存款的利率计算

计算公式：应付利息 ＝ 本金 × 存期 × 利率

活动三 部分支取

通知存款可多次提前支取，但剩余金额不能少于50 000元，否则视为客户单方违约，资金不能存于其通知存款账户，利率按活期利率。

通知存款在做部分提前支取时，客户需提供有效身份证件和原存单。

活动四 销户

【场景设定】

201×年10月15日，客户刘丽按约定持编号为00210个人通知存款存单及本人身份证件到模拟银行CY市分行个人业务柜台办理销户手续，柜员李阳（柜员号：203006）接

待了客户，并圆满完成了业务。（支取日银行挂牌7天通知存款利率为1.35%）

人民币个人通知存款销户参照人民币整存整取到期支取流程。柜员应选择个人通知存款销户操作界面（图2-19），打印储蓄存款利息清单及个人业务取款凭条。

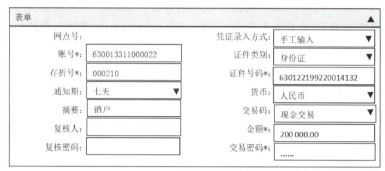

图2-19 个人通知存款销户操作界面

小贴士

- 客户如将通知存款金额全部取出或账户余额不足50 000元时，便视为其通知存款账户销户。如有余额记入其活期账户。
- 销户需要客户提供有效身份证件。

任务二　一卡通业务

客户办理了众多的普通存储形式，手中有零存整取存折、教育储蓄存折、通知存款存折、存本取息存折。这么多凭证给自己造成不便，不利于理财，想成为一卡通客户，这样就可以享受一卡在手（或一本在手），众多储蓄形式全有啦！

任务三　信用卡

信用卡由金融机构发行，发卡单位根据申请人的个人信用记录核发消费信用额度。信用卡是一种消费支付工具，也是目前仅次于现金、最普遍受欢迎的塑料货币。因此也代表个人的信用凭证。

具体业务处理流程如下：

1．审核证件

客户提交证件经审核确定后，拥有办理信用卡的资格。

2．信用卡开户

个人储蓄—信用卡业务—信用卡开户。信用卡要与以前办理的存折或一卡通（一本通）账号进行关联。开户结束后，将证件交还客户，客户将在一个月内领到属于自己的信用卡。

信用卡取现

信用卡取现不同于信用卡提现，信用卡取现是信用卡本身固有的功能之一，持卡人可以使用信用卡向银行提取现金，信用卡取现主要包括透支取现和溢缴款取现两种方式。透支取现是需要支付利息，并且是从客户提取现金的当天就开始计算利息的，而溢缴款取现则不需要支付利息。

1. 信用卡明细查询

信用卡明细单当场打印给客户。客户还可以通过电话、对账单、网上银行进行查询。对账单会每月按时寄给客户，客户也可通过电话及网上银行查询。

2. 信用卡交易查询

信用卡交易单当场打印给客户。客户还可以通过电话、对账单、网上银行进行查询。

小贴士

为什么刷卡被拒？

此情况会发生在持卡人账单逾期未缴、超过信用额度或异常交易时。

银行通常会在信用额度内再预设一额度限制，用来预防卡片被冒用或假交易等。若消费金额突增，或购买变现性高之高价产品（如金饰），银行通常会要求于电话上和持卡人做确认。

信用卡消磁、磨损或信用卡网络故障也会导致交易无法完成。持卡人最好多准备一张信用卡，以减少刷卡被拒发生概率。

信用卡的卡号为16位（区别于普通存折等重要空白凭证的8位）。常见信用卡的名称：维萨（VISA）、万事达信用卡（Master Card）、中国银联（China Union Pay）、吉士美卡（JCB）。

任务四　个人支票

个人支票是指由出票人（个人）签发的，委托办理支票存款业务的银行或者其他金融机构在见票时无条件支付确定的金额给收款人或持票人的票据。个人支票分为现金支票和转账支票两种。

> **小贴士**
>
> 支票
>
> （1）支票上未画线的是普通支票，可用于支取现金，也可用于转账。
>
> （2）在普通支票左上角画两条平行线的是转账支票，只能用于转账，不能支取现金。
>
> （3）个人支票领用时，以一本为单位，通常有25张和30张两种。每本支票连号，号码为10位数字。

具体业务处理如下：

（1）预开户。客户在开个人支票账户之前，柜员必须进行以下操作：预开户。目的是审查客户的开户资格。个人储蓄—普通支票—预开户。

（2）将客户金额存入，开立个人支票账户。个人储蓄—普通支票—开户。客户需在本行留下密码和印鉴。开户后，该客户会有一个属于自己的个人支票账号。

（3）将支票本出售给客户。通用模块—凭证管理—支票出售。一本支票有25张，与该客户的个人支票账户号相关联。

> **小贴士**
>
> 空头支票的处罚
>
> （1）处罚依据和标准为《票据管理实施办法》"签发空头支票或者签发与其预留的签章不符的支票，不以骗取财物为目的的，由中国人民银行处以票面金额5%但不低于1 000元的罚款"的规定。
>
> （2）《中国人民银行关于对签发空头支票行为实施行政处罚有关问题的通知》明确空头支票的罚款，由出票人在规定期限内到指定的罚款代收机构主动缴纳，逾期不缴纳的，人民银行及其分支机构可采取每日按罚款数额的3%加处罚款、要求银行停止其签发支票、申请人民法院强制执行等措施。

任务五　凭证业务

活动一　挂失

客户存折（单）丢失，或单据未丢，而忘记密码时，均可办理挂失业务，以免自己的财产受到损失。

【知识探微】

一、挂失的要求

（1）口头挂失（电话、口头、电报、信函等方式，有效期限5天）。
（2）正式挂失（携带身份证到开户行办理）。
（3）补发存单（折）。

二、具体业务处理

（1）冻结账户。需要客户持有效证件，挂失申请书，并提供姓名、开户时间、存款种类、金额及住址等有关情况。审核挂失记录无误，冻结其账户。操作步骤为"通用模块—账户维护—账户冻结"。

撷贝

银行处理冻结业务一般出于三个方面。

第一，客户个人要求，如出国等。

第二，法院传票至银行要求冻结某人的个人资产。

第三，给客户办理挂失业务前，先冻结其账户。

账户冻结有两种情况：一种是全额冻结，另一种是部分冻结。第一种冻结后，账户里面的钱是不支付的。第二种冻结后，在冻结的金额内，是不能支付的，超过部分可以支付。

公民涉嫌某些犯罪时，官司中涉及的有争议资产时，司法机关可以冻结个人财产，传票至银行，银行操作。

（2）正式挂失。处理后加盖印章，将挂失申请书第三联、手续费收据、有效身份证件交还客户。提示客户几天后凭挂失申请书领取新凭证或新密码。

（3）补发存折（单），同时办理解挂手续。操作步骤为"个人储蓄—凭证业务—凭证解挂"。

活动二 更换凭证业务处理

客户存单损坏、存折打印满或消磁、银行卡因各种原因不能正确读取时，就要到银行更换凭证。

【知识探微】

更换凭证的要求：个人储蓄—凭证业务—换存折（换存单）。客户必须携带原存折和有效身份证件。柜员将原存折（单）剪角收回，打印新存折后连同有效身份证件交还客户。

任务六　个人贷款业务：住房贷款、助学贷款、质押贷款

活动一　住房贷款

客户买房时，通常不能全额付款。越来越多的人意识到"要用明天的钱圆今天的梦"。银行会遇到很多类似这样的个人贷款业务。

【知识探微】

一、个人住房贷款申请条件

（1）具有城镇常住户口或有效居留身份。
（2）有稳定的职业和收入，信用良好，有偿还贷款本息的能力。
（3）具有购买住房的合同或协议。
（4）购第一套房以不低于所购住房全部价款的 40% 作为购房的首期付款；购第二套房以不低于所购住房全部价款的 60% 作为购房的首期付款；第三套房限购。
（5）有贷款人认可的资产作为抵押或质押，或有足够代偿能力的单位或个人作为保证人。
（6）外省市贷款人还需提供本地 5 年社会保险或纳税证明。
（7）贷款期最高 30 年。

二、具体业务处理

（1）审查客户资质。通过客户提交资料，判断客户贷款的真实有效性，确定其有足够的还款能力。
（2）审查合格后，银行与贷款人签订贷款合同。
（3）贷款发放。个人贷款—个人消费贷款发放。办理贷款发放后，客户即从当月起每月按时偿还贷款。
（4）提前部分还贷。因银行计算客户还款额时，按 20 年复利计算，因此客户每月偿还额中利息占很大一部分。如客户积攒部分闲置金额时，可以采用部分提前还贷的形式先偿还银行部分贷款本金，以减轻利息压力。
（5）提前全部还贷。客户经过一段时间，如有能力偿还银行所余贷款，即可提前全部还贷。

摘贝

按揭购房：所谓按揭贷款，就是购房者以所购住房做抵押并由其所购买住房的房地产企业提供阶段性担保的个人住房贷款业务。

（6）如遇国家调整存贷款利息，则个人贷款利息应于第二年的1月1日起执行新利率。

小贴士

贷款的还款方式

- 等额本金偿还（递减偿还）：等额本金就是每期还的本金相同，利息不同，利息随着本金的减少而降低，只给本金的利息，所以是随着还款限期的减少，每月还款额是递减的。
- 等额本息偿还（等额偿还）：等额本息是每期还款额固定，不仅本金计息，而且本金所产生的利息也会计息，属于一种循环利息。

活动二　助学贷款

国家助学贷款，是党中央、国务院在社会主义市场经济条件下，利用金融手段完善我国普通高校资助政策体系，加大对普通高校贫困家庭学生资助力度所采取的一项重大措施。

国家助学贷款是由政府主导、财政贴息、财政和高校共同给予银行一定风险补偿金，银行、教育行政部门与高校共同操作的专门帮助高校贫困家庭学生的银行贷款。借款学生不需要办理贷款担保或抵押，但需要承诺按期还款，并承担相关法律责任。借款学生通过学校向银行申请贷款，用于弥补在校期间各项费用的不足，待毕业后分期偿还。

【知识探微】

一、助学贷款申请条件

（1）全日制普通高等学校中经济困难的本专科生（含高职生）、研究生和第二学士学位学生。

（2）具有中华人民共和国国籍，且持有中华人民共和国居民身份证；具有完全民事行为能力（未成年人申请国家助学贷款须由其法定监护人书面同意）。

（3）诚实守信，遵纪守法，无违法违纪行为。

（4）学习刻苦，能够正常完成学业。

（5）因家庭经济困难，在校期间所能获得的收入不足以支付完成学业所需基本费用（包括学费、住宿费、基本生活费）。

（6）能提供符合贷款人要求的保证人或担保。

（7）承诺并认真履行向贷款人提供借款本人上学期间和就业以后的变动情况。

（8）在银行开立贷款人存款账户。

申请国家助学贷款需要提供的材料如下：

（1）国家助学贷款申请书。

（2）本人学生证和居民身份证复印件（未成年人须提供法定监护人的有效身份证明和书面同意申请贷款的证明）。

（3）本人对家庭经济困难情况说明。

（4）学生家庭所在地有关部门出具的家庭经济困难证明。

（5）学生本人对其提供证明材料的真实性承担法律责任。

二、具体业务处理

（1）审查客户资质。通过客户提交资料，判断申请助学贷款的资格。

（2）审查合格后，银行与贷款人所在学校先建立合同。单位合同号：由系统自动生成。财政存款账号：为学校在银行开户的账户号。

（3）银行与贷款人签订贷款合同。

> **申请助学贷款的相关规定**
>
> 国家助学贷款每人每年最多申请 6 000 元，形式为逐年发放，因此 4 年累计最高发放 24 000 元。国家助学贷款的期限一般不超过 10 年，即在校 4 年加毕业后 6 年。助学贷款办理完毕，学生可以每年领到 6 000 元贷款用于学习和生活。
>
> 提前全部还贷是指学生毕业后，如有能力提早偿还银行所余贷款，即可进行助学贷款提前全部还贷。

活动三　质押贷款

质押贷款，是指贷款人按《中华人民共和国担保法》（以下简称《担保法》）规定的质押方式以借款人或第三人的动产或权利为质押物发放的贷款。

可作为质押的质物包括国库券（国家有特殊规定的除外）、国家重点建设债券、金融债券、AAA 级企业债券、储蓄存单等优价证券。

出质人应将权利凭证交予贷款人。质押合同自权利凭证交付之日起生效。以个人储蓄存单出质的，应提供开户行的鉴定证明及停止支付证明。

【知识探微】

一、质押贷款申请条件

（1）年满 18 周岁。
（2）质押贷款额度最高为质押存单的 90%。
（3）质押贷款期限最长为 2 年。
（4）质押物是存单形式。

二、具体业务处理

（1）审查客户资质。通过客户提交申请表，银行判断申请质押贷款的资格。
（2）审查合格后，银行与贷款人建立合同。
（3）贷款发放。柜员将发放的贷款打入客户存折或卡内。

> **小贴士**
>
> **消费贷款合同管理**
>
> （1）柜员在此合同中（同住房贷款）按质押申请表内容填写，一式三份。一份交客户，一份银行留存，一份交分行。
> （2）质押贷款业务处理结束，柜员按规范将客户身份证、贷款合同、借款凭证、放款凭证、存折或卡递交客户。

项目五

外币业务处理

导读

外币业务包括的形式，主要是兑换与存取。许多人有进行货币兑换的需求。这是因为人民币是中国法定货币。在中国境内，禁止外币流通，商品买卖不得以外币计价结算。

柜员只有熟悉工作流程，进行规范操作，熟练运用技能，才能为客户提供高质量的服务，快捷地完成工作。

任务目标

1. 认知外币，认知汇率。
2. 学会外币业务的相关操作，能在银行为客户办理外币支取等业务。
3. 树立岗位意识。

任务一　兑　换

货币兑换，是按照一定的汇率将外币现钞、旅行支票兑换成人民币（以下简称"结汇"）或者将人民币兑换成外币现钞（以下简称"购汇"）的一种交易行为。

大部分机构能提供美元、欧元、日元、港币、英镑的兑换服务。中国银行的网点还能够提供瑞士法郎、新加坡元、瑞典克朗、丹麦克朗、挪威克朗、加拿大元、澳大利亚元、澳门元、菲律宾比索、泰铢、韩元的兑换服务。

小贴士

处理外币业务人员资格

（1）反假币上岗资格证。

（2）外汇岗学习经历（了解外汇制度）。

哪些地方可以兑换货币？

（1）机场航站楼内设立的提供货币兑换服务的银行网点或外币代兑机构。

（2）提供货币兑换服务的酒店等其他代兑机构。

（3）提供货币兑换服务的银行网点。通常银行网点的营业时间在9：00—18：00。

（4）银行网点根据所处地区和所属银行等的不同而存在差别。

（5）部分场所设置的自助兑换机可以为客户提供24小时货币兑换服务。通常提供货币兑换服务的机构都具有"货币兑换"（EXCHANGE）标识。

【知识探微】

一、个人外币兑换规定

（1）无论现钞或现汇，居民个人一次性结汇金额在等值1万美元（含1万美元）以下的，凭本人真实身份证明办理即可。

（2）一次性结汇金额在等值1万美元以上、5万美元（含5万美元）以下的，应提供本人真实身份证明和合法外汇来源证明材料，银行审核后予以办理。

（3）一次性结汇金额在等值5万美元以上的，居民个人应当持以上材料向当地外汇管理部门申请，经当地外汇管理部门审核真实性后，凭当地外汇管理部门的核准件到银行办理。

二、具体业务处理

（1）要求客户填写因私购结汇业务申请书，并核对有效身份证件。需购汇结汇的人填写"因私购结汇业务申请书"，并连同有效身份证原件、现金或存单一并交柜员。柜员对客户填写的购汇申请要素进行审核。

（2）对客户提交的申请进行审核，清点现金1万元，根据当天即时汇率将1万元人民币折合为美元。

汇率

（1）汇率亦称"外汇行市或汇价"，是一国货币兑换另一国货币的比率，是以一种货币表示另一种货币的价格。由于世界各国货币的名称不同，币值不一，所以一国货币对其他国家的货币要规定一个兑换率，即汇率。

（2）从短期来看，一国的汇率由对该国货币兑换外币的需求和供给所决定。外国人购买本国商品、在本国投资以及利用本国货币进行投机会影响本国货币的需求。本国居民想购买外国产品、向外国投资以及外汇投机影响本国货币供给。

（3）从长期来看，影响汇率的主要因素有相对价格水平、关税和限额、对本国商品相对于外国商品的偏好以及生产率。

（4）卖出外汇的汇兑损益，指银行的买入价与当日即期汇率之差所引起的折算差额。

汇兑的计算

通过询问客户，将1万元兑换为美元之后，客户想兑换美元现金，这属于现钞卖出，应参照现钞卖出价。如果客户不是取走美元现金，而要存入银行账户，这属于现汇卖出，应参照当天即时的现汇卖出价。

在支付客户美元现金时，因只能支付其主币部分，无辅币。则用于兑换美元的人民币不足1万元，应退给客户人民币：10 000−1 631×6.131=0.34元。

（3）业务中涉及美元兑换金额及相应应付人民币金额及汇率，柜员应指导客户将因私购结汇业务申请书填写完整。

（4）将美元、第二联因私购结汇业务申请书、有效身份证件一起交予客户。

【场景设定】

将欧元兑换为人民币业务处理

（1）要求客户填写因私购结汇业务申请书，并核对有效身份证件。

（2）对客户提交的申请进行审核，清点2 000欧元，在清点中辨识真伪。根据当天即时汇率将2 000欧元折合为人民币。要求根据即时汇率正确计算兑换金额人民币小数点后第三位四舍五入。

（3）柜员指导客户将因私购结汇业务申请书填写完整。

（4）将人民币、第二联因私购结汇业务申请书、有效身份证件一起交予客户。

外币认知

1. 美元

纸币的面值有1美元、2美元、5美元、10美元、20美元、50美元、100美元7种面值。

现流通硬币有1美分、5美分、10美分、25美分、50美分、1美元6种面值。

2. 欧元

欧元纸钞的面值共有7种，分别为5欧元、10欧元、20欧元、50欧元、100欧元、200欧元、500

欧元。欧元硬币的面值共有8种，分别为1欧分、2欧分、5欧分、10欧分、20欧分、50欧分、1欧元、2欧元。欧元是欧盟中19国的基本货币单位，2002年1月1日起正式在欧洲使用。其国际标准化组织中的 ISO 4217 标准代码是 EUR。欧元的19会员国是爱尔兰、奥地利、比利时、德国、法国、芬兰、荷兰、卢森堡、葡萄牙、西班牙、希腊、意大利、斯洛文尼亚、塞浦路斯、马耳他、立陶宛、拉脱维亚、爱沙尼亚、斯洛伐克。

3. 英镑

目前，流通中的英镑纸币有5、10、20和50面额的英镑，另有1、2、5、10、20、50面额的新便士及1英镑的铸币，1英镑=100便士。

4. 日元

在日本使用的纸币面值有1 000日元、2 000日元、5 000日元和10 000日元。硬币面值有1日元、5日元、10日元、50日元、100日元和500日元。作为第二次世界大战后经济发展最快的国家之一，日本目前拥有全球前列的进出口贸易顺差及外汇储备。另外日元也是第二次世界大战后升值最快的货币之一，因此日元在外汇交易中的地位变得越来越重要，也常在美元和欧元之后被各国当作储备货币。

任务二　外币存储业务处理

【场景设定】

将日元存入外币活期账户业务处理

（1）开客户。根据客户情况，了解其是否在我行办理过业务，如果没有办理过任何业务，则需先给该客户开立普通或一卡通客户。方法同人民币活期开客户。

（2）如果该客户已在我行有客户号，则直接给其开外币账户。柜员将客户号及相应现金数输入系统。在货币选择时，应选择外币品种。系统产生一个随机的活期账号。

（3）办理结束后，将普通外币存折或一卡通及身份证交还客户。

 小贴士

储蓄外币业务

（1）中国公民、港澳台同胞、居住在中国（含港澳台地区）境内外的外国人、外籍华人和华侨，均可凭实名制认可的有效身份证件到银行办理外币储蓄存款。

（2）银行按照个人开户时提供的身份证等证明材料确定账户主体类别，所开立的外汇账户应使用与本人有效身份证件记载一致的姓名。

任务三　外币支取业务处理

【场景设定】

将账户原有的澳元全部取出业务处理

（1）通用模块—个人储蓄—活期储蓄—普通活期支取。操作时在货币一栏选择"外币品种"。

（2）办理登折后，将存折交还客户。

外币活期取款，不用身份证，凭密码就可以支取。只有支取没到期或转存的定期时才用身份证。

单元三

银行柜面对公业务处理

导　读

对公业务处理是银行柜面业务很重要的一项工作，银行柜员面对的客户一般是各企事业单位的出纳或会计。该职位要求柜员要认真、细致、负责，为客户办理定活期业务、各类转账、单位贷款、代发工资等业务，以及为客户提供良好的金融服务及有关借贷等方面的资讯，协助单位做好风险防控工作。

单元目标

1. 银行柜面对公业务处理：单位活期存款业务处理、单位定期存款业务处理、单位通知存款柜面业务、单位协定存款柜面业务、单位贷款业务处理等。
2. 提高学生操作技能，按规范完成业务处理活动，并礼貌待客。
3. 培养主动思考、处理多种对公业务的能力。

项目六

单位活期存款业务处理

任务目标

1. 了解单位活期存款开户业务要求和程序，掌握单位活期存款开户业务操作流程、操作规范。

2. 学会单位活期储蓄业务的相关操作，能在银行为单位办理活期存款的开客户、预开户、现金存取款、账户转账、协议存款、账户结清、账户销户等业务。

3. 树立岗位意识。

【场景设定】

柜员李某上班了，他开启计算机；并按照《中国银行业柜面服务规范》中服务环境基本要求，把印章、印泥、计算器、捆钞条等按操作需要摆放在桌面上；领出现金支票及转账支票各一本（25张）。

做完营业前的准备工作，参加了每天一次的晨会，开始对外营业。

总行、分行与支行、储蓄所的关系：

（1）一家银行在全国只能有一个总行，总行不负责对客户的业务，只负责制定银行宏观政策等。

（2）一家银行在每个省市只能有一个分行，支行同样不负责对客户的业务，它是总行的下属部门，负责政策方面的事宜。

（3）一家银行在每个省市可以有多个支行，也称银行营业网点，它是分行的下属部门，负责处理客户的储蓄、理财、中间业务等具体业务。

（4）储蓄所是支行的下属部门，只能处理客户的简单业务，如储蓄等。目前很多银行最低以支行的形式出现，不再设置储蓄所。

任务一　开客户

单位存款业务与个人存款业务虽有相同之处，但更多是本质上的不同。单位存款业务特点有：数额大、业务量多、现金业务少、活期业务多。

1. 单位在银行开立账户一般需要准备的物品

(1) 公司营业执照原件及复印件。

(2) 公司批准证书原件及复印件。

(3) 国税及地税的原件及复印件。

(4) 公司章程原件及复印件。

(5) 红头文件原件及复印件。

(6) 董事长的身份证原件及复印件（如果是港台资的还需提供老板的回乡证及复印件）。

(7) 办理人的身份证及复印件。

【知识探微】

注意：所有的复印件都必须写"此复印件与原件相符"然后再盖上公司的公章。

去银行办理的时候也要带上公章、财务章及私章。

2. 具体业务处理

(1) 单位开客户：操作步骤为"对公存贷—新开户业务—新开客户号"。

(2) 填写单位信息注意事项："企业性质""客户名称""证件类型""地址""证件号码""联系电话"六项为必填项。企业性质与证件类型要相对应。执行后该单位在银行生成唯一客户号。

如何理解企业性质？

(1) 全民所有制企业：生产资料归全体人民所有，依法自主经营、自负盈亏、独立核算，以营利为目的的企业。

(2) 集体所有制企业：财产归群众集体所有，劳动群众共同劳动，实行按劳分配为主、适当分红为辅，提取一定公共积累的企业。

(3) 在中国境内设立的中外合资经营企业、中外合作经营企业、外资企业三类外商投资企业统称为三资企业。

(4) 股份有限公司：全部注册资本由等额股份构成并通过发行股票（或股权证）筹集资本的企业法人。

(5) 有限责任公司：又称"有限公司"。是指由50人以下股东共同出资，每个股东以其所认缴的出资额对公司承担有限责任，公司以其全部资产对其债务承担责任的企业法人。

单位客户号

(1) 提供相应的开户资料。

(2) 办理单位存款业务，必须先开客户号。

(3) 客户号全行唯一。

任务二 单位预开户（开单位存款账户）

已在银行开有客户号的客户，要进行存贷业务，必须先预开一个账户，预开账户不涉及金额。操作步骤为"对公存贷—新开户业务—开存款账户"。业务执行后生成一个账户号。一个单位在一家银行可以拥有多个账户号。

任务三 单位现金存取

单位活期存款的存取主要有两种方式，即存取现金和转账存取。单位现金存款业务办理：对公存贷——般活期及临时存款—现金存款。单位现金取款业务办理：对公存贷——般活期及临时存款—现金取款。

办理对公存取款时，注意凭证类型有"CCKZ"（现金支票），以及"OTHR"（其他）两种选择。单位在银行办理业务时，一般以现金方式结算少于以支票方式结算。"OTHR"代表现金方式。如单位以支票方式存取款，又暂无支票，则需在银行购买支票。购买支票时以"本"为单位。支票分现金支票及转账支票。

任务四 账户转账

转账可以是本单位之间的账户相互转（本单位的一个账户金额转入另一账户），也可以是两单位之间相互转（两单位之间有交易结算）。

单位转账的凭证类型有转账支票、内往报单（内部往来科目报单）、电信电汇、其他（现金）四种方式。

业务办理：操作步骤为"对公存贷——般活期及临时存款—账户转账"。

任务五 协议存款

协议存款，是商业银行对我国境内的存款人开办的、利率由市场决定的大额定期存款业务。其有两种方式，一是大额长期议价存款；二是大额长期存款。

协议存款可以由单位与银行沟通，双方经协商，自行确定存款金额、取款日期及利率，实现双方利益最大化。

业务办理：操作步骤为"对公存贷——般活期及临时存款—协议存款"。

任务六　销　户

　　进行销户的账户，必须是已经结清并且余额为零的活期存款，即：先结清，再取出所有余款，才能销户（注意：预开户不能销户）。结清后必须当日销户。

　　结清时，系统自动按当天挂牌利息结息，利息转入活期账户，临时账户不计息。

　　销户后，未用支票全部核销，并关闭账户。

　　业务办理：操作步骤为"对公存贷——一般活期及临时存款—账户销户"。

【知识探微】

单位销户的程序

（1）单位客户主动撤销银行结算账户的，须填写"银行撤销单位银行结算账户申请书"，并注明销户原因。

（2）开户行审核后，按照如下程序办理：一是要求单位客户填"客户交回未用空白重要凭证清单"、交回所有未用空白重要凭证，并对交回凭证当面切角或打洞作废。营业执照、代码证、公章、财务印鉴、法人授权书、撤销账户情况说明书、法人代表及经办人身份证均需要原件及复印件。

项目七

单位定期存款业务处理

任务目标

1. 了解单位定期存款开户业务要求和程序，掌握单位定期存款开户业务操作流程、操作规范。

2. 学会单位定期储蓄业务的相关操作，能在银行为单位办理定期存款的新开户金转账存款、新开户金现金存款、部分提取转账、销户转账等业务。

3. 树立岗位意识。

【场景设定】

柜员李阳（柜员号：203006）上班了，他开启计算机；并按照《中国银行业柜面服务规范》中服务环境基本要求，把印章、印泥、计算器、捆钞条等按操作需要摆放在桌面上；领出现金支票及转账支票各一本（25张）；单位定期存款开户证实书10张。

做完营业前的准备工作，参加完每天一次的晨会，开始对外营业。

[信息] ×××有限公司开对公客户号，全民所有制、工业企业、证件类别为法人身份证：110××××+8位学号。

（1）为×××有限公司开对公客户号。

（2）×××有限公司开3年期定期存款户。

（3）为×××有限公司开对公存款活期"基本账户"。

（4）×××有限公司的"基本账户"存入 46 000 元。

（5）×××有限公司办理新开户转账存款，38 000 元，使用转账支票。

（6）×××有限公司办理定期部分提取转账，金额为 20 000 元。

（7）×××有限公司的"基本账户"和定期存款户进行销户转账。

【知识探微】

1．单位定期存款开户证实书

单位在办理定期业务时，必须要填写"单位定期存款开户证实书"。

2．单位定期存款的业务规定

（1）单位定期存款是单位将款项一次存入，约定存期，到期支取本息的一种存款业务。

（2）单位定期存款起存金额为 10 000 元，多存不限；存款期限有 3 个月、6 个月、1 年、2 年、3 年、5 年六个档次；可以全部或部分提前支取，但只能提前支取一次。

（3）存款单支取定期存款只能以转账方式将存款转入其基本存款账户，不得将定期存款用于结算或从定期存款账户中提取现金。

3. 单位遗失开户证实书处理办法

单位客户如遗失定期存款开户证实书，银行不挂失、不补发，客户可凭单位公函支取存款。

项目八

单位通知存款柜面业务

单位通知存款是单位客户在办理存款时不约定存款期限，自由选择存款品种（一天通知存款或七天通知存款），支取时提前一天或七天通知银行，约定支取日期和支取金额的一种大额存款方式。

【知识探微】

一、单位通知存款特点

1. 计划性强

适用于财务管理规范的企业，只要选择了该存款品种，支取时提前一天或七天通知银行，约定支取日期和支取金额，便可按单位客户的财务计划安排使用资金。

2. 收益较高

利率水平高于活期存款，在不妨碍单位客户使用资金的情况下，可获得稳定而较高的利息收益。

3. 同城通存通兑

在已开通对公通存通兑业务的城市，单位客户可通过中国银行同城各分理处以上联机网点办理存取款业务，极大地方便了单位客户资金调拨和周转。

二、币种

单位通知存款包括人民币单位通知存款和外币单位通知存款两种。

三、起存金额

（1）人民币单位通知存款起存金额为50万元，需一次全额存入。可全部或部分支取，每次部分支取金额不得小于10万元，留存部分不得小于起存金额。

（2）外币单位通知存款起存金额为5万美元或等值的外币，需一次全额存入，可全部或部分支取，每次部分支取金额不得小于1万美元或等值外币，留存部分不得小于起存金额。

（3）实际存期未满七天的，不予计息。按支取通知书的约定履约支取的，以存款本金为基数，按实存天数和支取日当天相应的七天通知存款利率计息，利随本清。

四、利率

（1）人民币单位通知存款支取时，以支取日挂牌通知存款利率计息，如部分支取留存部分仍从原开户日起计算存期。

（2）外币单位通知存款支取时，以存款本金为基数，按实存天数和支取日当天相应的七天通知存款利率计息，利随本清。

五、适用客户

凡符合中国人民银行及国家外汇管理局规定，已在中国银行开立了本、外币活期存款账户（包括人民币基本存款账户、一般存款账户、临时户、专用账户、外币资本项目账户、经常项目账户）的境内机构、驻华机构、企事业单位、机关团体等大中型企事业单位，均可办理本、外币通知存款业务。

六、办理流程

（1）单位客户就近到银行分理处以上分支机构，开立本、外币活期存款账户。

（2）单位客户需与银行签定通知存款支取方式约定书，并提交相应凭证（转账支票，单位定期存款凭条）等办理存款手续，银行为单位客户在计算机系统上开立通知存款账户，并打印出通知存款开户确认书。

（3）银行打印人民币或外币单位定期存款开户证实书交予客户。

（4）单位客户须于正式支取前一天或七天以书面形式通知银行，约定支取日期和金额。

（5）约定到期，单位客户凭单位定期存款支取凭条及原证实书，按照原约定办理支取手续，银行向单位客户出具回执。

任务一　开　户

【场景设定】

201×年6月3日，CY市阳光公司来行提交开立单位通知存款账户申请书及相关证明文件，要求开立单位通知存款账户，并将其活期存款账户内款项100万元办理为七天通知存款，七天通知存款的利率为1.35%。柜员李阳（柜员号：203006）接待了客户，并圆满完成了业务。

步骤1：开立单位申请

受理客户提交一式两联开立"单位通知存款支取约定书"（图3-1）及相关资料，并预留通知存款账户印鉴。

模拟银行单位通知存款支取约定书

No.000×

模拟银行CY市分行：

　　兹有我单位（名称）：＿＿＿＿＿＿＿＿＿已在贵行开立人民币单位通知存款账户，支取时，以本约定书所留印鉴为支取方式。

　　特此约定。

（印鉴样本）　　　　　　　　　　　　　　　　　　　　201×年＿＿月＿＿日

图3-1　单位通知存款支取约定书

步骤2：柜员审核

审核开立单位通知存款支取约定书上各项内容是否填写完整，相关资料是否真实清晰。

步骤3：柜员办理

（1）操作柜员终端，进行"单位通知存款开户"操作。

（2）受理客户填写的转账支票（图3-2）、一式三联进账单。

转账支票

ⅡⅥ 000000××

出票日期（大写）：　　年　　月　　日　　　　付款行名称：模拟银行CY市分行
收款人：　　　　　　　　　　　　　　　　　　　出票人账号：501000135221001

人民币（大写）	千	百	十	万	千	百	十	元	角	分
	￥									

本支票付款期限十天

用途＿＿＿＿＿＿＿＿＿＿＿
上列款项请从
我账户内支付
出票人签章　　　　　　　　　　复核　　　记录

图3-2　转账支票

（3）操作柜员终端，进行"单位通知存款单笔存入"操作。

（4）开具一式两联单位通知存款证实书（图3-3）。

（5）受理客户提交的单位通知存款支取约定书（图3-4）。

单位定期（通知）存款证实书

科目：（借） （KW）000133

存入日	起息日	性质	印密	存期	约转	利率	到期日	操作

账号：_____ 账户名称_____

存入金额：（大写）_____ （小写）_____

贵单位已在我行开立单位定期款账户

复核：　　　　　　　　记账：　　　　　　　　制票：

图 3-3　单位定期（通知）存款证实书

模拟银行单位通知存款支取约定书

No000×

模拟银行 CY 市分行：

　　兹有我单位（名称）：_____已在贵行开立人民币单位通知存款账户，支取时，以本约定书所留印鉴为支取方式。

　　特此约定。

（印鉴样本）　　　　　　　　　　　　　　　201×年___月___日

图 3-4　模拟银行单位通知存款支取约定书

步骤 4：签章

在二联开立单位通知存款账户申请书、二联单位通知存款证实书、单位通知存款支取约定书第二联上加盖业务公章和柜员名章。在转账支票、三联进账单上加盖转讫章和柜员名章。

步骤 5：送别客户

将开立单位通知存款账户申请书客户联，单位通知存款证实书客户联，进账单第一、三联及单位通知存款支取约定书第二联一并交客户。并将开立单位通知存款账户申请书留存联、单位通知存款证实书银行留存联、转账支票和进账单第二联及单位通知存款支取约定书第一联按类整理存放，结束该笔业务。

> **小贴士**
>
> 开户
>
> （1）凡在开户行开立人民币基本存款账户或一般账户的企业、事业、机关、部队、社会团体和个体经济户等单位，只要通过电话或书面通知开户行的公司存款部门，即可申请办理通知存款。客户不需要约定存期，只在支取时事先通知存款银行。
>
> （2）开户时单位须提交开户申请书、营业执照正本副本影印件等，并预留印鉴。印鉴应包括单位财务专用章、单位法定代表人章（或主要负责人章）、财务人员章及密码印鉴（适用于具备条件的分支机构）。银行为客户开出记名式"银行单位通知存款开户证实书"（以下简称证实书），证实书仅对存款单位开户证实，不得作为质押权利凭证。
>
> （3）证实书如果遗失，银行不予办理挂失，不再补发新的证实书。支取存款时，客户应向银行出具证实书遗失公函，银行按约定的支取方式办理取款手续。

任务二 通 知

【场景设定】

CY市阳光公司于201×年6月3日存入了100万元的七天通知存款。如今阳光公司因业务需要资金，于201×年8月26日来行提交支取通知书，约定于201×年9月3日来行支取100万元。柜员李阳（柜员号：203006）受理了业务，并圆满完成了业务。

步骤1：客户提交通知书

客户提交一式两联单位通知存款支取通知书，见图3-5。

模拟银行单位通知存款支取通知书

№000×

模拟银行CY市分行：

　　我单位（名称）：_____预于（日期）：_____从我通知存款账户（账号）：_____中支取人民币（大写）：_____。

　　特此约定。

201×年___月___日

图3-5 单位通知存款支取通知书

步骤2：柜员审核

柜员对存款人提交的单位通知存款支取通知书进行审核。

步骤3：柜员办理

柜员通过系统操作建立通知登记，登记存款人账号、证实书编号、实际金额、支取金额、通知支取日期等。若取消通知则由客户提供"单位通知存款取消通知书"，经审查后，通过系统操作输入通知日期，结束业务。

> **小贴士**
>
> **存入**
>
> 通知存款为记名式存款，起存金额为50万元，须一次性存入，可以选择现金存入或转账存入，存入时不约定期限。
>
> **通知**
>
> 通知存款不管实际存期的长短，统一按存款人取款提前通知的期限长短划分为一天通知存款或七天通知存款两个品种。一天通知存款必须至少提前一天通知约定支取存款，七天通知存款必须至少提前七天通知约定支取存款。单位选择通知存款品种后不得变更。
>
> 存款人进行通知时应向开户银行提交"银行单位通知存款取款通知书"。提交方式有：客户本人到银行或者传真通知，但支取时须向银行递交正式通知书。

任务三　全部支取

【场景设定】

CY市阳光公司于201×年6月3日存入了100万元的七天通知存款，利率为1.35%。如今阳光公司因业务需要资金，于201×年8月26日来行提交支取通知书，约定于201×年9月3日来行支取100万元。201×年9月3日柜员李阳（柜员号：203006）受理了支取业务，并圆满完成了业务。

步骤1：客户申请支取

客户提交单位定期（通知）存款证实书、一式三联单位定期（通知）存款支取凭证（图3-6）、单位定期（通知）存款支取通知书。

单位定期（通知）存款支取凭证

年　　月　　日

存款人名称			定期存款账户									
活期存款账户			活期存款开户行									
存款本金			利息									
本息合计	人民币（大写）			千	百	十	万	千	百	十	元	角	分
				￥									
上列款项请从我账户内支付												
支款人预留印鉴			会计主管		复核			记账				

图3-6　单位定期（通知）存款支取凭证

步骤 2：柜员审核

核对单位定期（通知）存款证实书的客户联和银行留存联。审核"单位定期（通知）存款支取凭证"各要素是否完整、正确，印章与支取约定书上预留印鉴是否相符。

步骤 3：柜员办理

操作柜员终端，进行"单位定期（通知）存款全部支取"操作。

步骤 4：签章

在原二联单位定期（通知）存款证实书和三联单位通知存款支取凭证上加盖转讫章和柜员名章，并在单位定期（通知）存款证实书上注明"结清"字样。

步骤 5：送别客户

将单位通知存款支取凭证第三联交客户。将单位定期（通知）存款支取凭证第一、二联按类整理存放，结束该笔业务，送别客户。

小贴士

单位通知存款注意事项

（1）客户应与银行约定取款方式，填写单位定期（通知）存款支取方式约定书。

（2）清户时，客户须到开户行办理手续，银行将账户本息以规定的转账方式转入其指定的账户。

（3）单位通知存款利率按中国人民银行规定同期利率执行。单位通知存款实行账户管理，其账户不得做结算户使用。

任务四　部分支取

【场景设定】

CY 市阳光公司于 201× 年 1 月 1 日存入 120 万元的七天通知存款，通知存款账号为：501000223633051，七天通知存款利率为 1.35%。如今阳光公司因业务需要资金，于 201× 年 6 月 23 日来行提交支取通知书，约定于 201× 年 7 月 1 日来行支取 50 万元。201× 年 7 月 1 日阳光公司来行实际支取了 70 万元，支取当日活期存款利率为 0.385%。柜员李阳（柜员号：203006）接待了客户，并圆满完成了业务。

步骤 1：客户申请支取

受理客户提交单位定期（通知）存款证实书、一式三联单位定期（通知）存款支取凭证、单位定期（通知）存款支取通知书。

步骤 2：柜员审核

核对单位定期（通知）存款证实书的客户联和银行留存联。审核单位定期（通知）存款支取凭证各要素是否完整、正确，印章与支取约定书上预留印鉴是否相符。

【知识探微】

这是一笔超过约定支取金额的单位通知存款的计息业务，计息时要将约定支取部分和超过约定部分分别采用不同的利率计息。

$$约定支取金额的利息 = 500\,000 \times 181 \times 1.35\% \div 360 = 3\,393.75（元）$$

$$超过约定金额的利息 = 200\,000 \times 181 \times 0.385\% \div 360 = 387.14（元）$$

$$应付利息 = 3\,393.75 + 387.14 = 3\,780.89（元）$$

步骤3：柜员办理

（1）进入柜员终端，进行"单位通知存款部分支取"操作。

（2）按留存金额开具新的单位定期（通知）存款证实书。

步骤4：签章

在新开具二联单位通知存款证实书上加盖业务公章和柜员名章、在原二联单位定期（通知）存款证实书和三联单位定期（通知）存款支取凭证上加盖转讫章和柜员名章，并在支取凭证上注明"部分支取"字样。

步骤5：送别客户

将新开具单位定期（通知）存款证实书客户联、单位定期（通知）存款支取凭证第三联交客户。将单位定期（通知）存款支取凭证第一（原二联单位通知存款证实书作附件）、二联按类整理存放，结束该笔业务，送别客户。

项目九

单位协定存款柜面业务

单位协定存款是指客户通过与银行签订协定存款合同，约定期限、商定结算账户需要保留的基本存款额度，由银行对基本存款额度内的存款按结息日或支取日活期存款利率计息，超过基本存款额度的部分按结息日或支取日中国人民银行公布的高于活期存款利率、低于6个月定期存款利率的协定存款利率给付利息的一种存款。

【知识探微】

协定存款规定

（1）协定存款是在原来单位活期存款基础上延伸出来的，协定存款账户与其相对应的活期存款账户有着密切的联系，在活期存款账户的存款超过约定额度后，超过额度部分可享受协议存款利率，若活期账户销户，协定存款账户也须同时销户。

（2）协定存款的最低约定额度为人民币10万元，客户可根据实际情况与银行约定具体的基本额度。协定存款账户分A户（结算户）与B户（协定户），A户按结算日中国人民银行公布的活期存款利率计息，B户按结算日中国人民银行公布的协定存款利率计息。

（3）协定存款账户不是一个独立存款账户，客户可以通过结算户办理日常结算业务，协定存款账户的操作和管理由银行负责。协定存款的A户视同基本存款账户或一般存款账户管理使用，A户、B户均不得透支。

（4）协定存款账户月均余额2年或2年以上低于最低约定额度的，将利息结清后，作为基本存款账户或一般存款账户处理，不再享受协定存款利率。客户在合同期内如需清户，必须提出书面声明，待银行审核无误后，方可办理。

任务一　开　户

【场景设定】

201×年2月1日，CY市阳光公司与模拟银行签订了一式两份的"模拟银行协定存款合同"，将其活期存款账户办理单位协定存款业务，双方约定结算账户的额度为100万元，协定利率为2.50%。柜员李阳（柜员号：203006）接待了客户，并圆满完成了业务。

步骤 1：客户申请

受理客户申请，与客户商定基本留存额度及期限。

步骤 2：签订合同

（1）与客户签订一式两份的模拟银行人民币单位协定存款合同（图3-7），约定在结算账户之上开立协定存款账户，并约定结算账户的额度。

模拟银行人民币单位协定存款合同

甲方：CY 家园公司

乙方：模拟银行 CY 市分行

甲、乙双方就开立人民币协定存款事宜达成如下协议：

一、甲方在乙方开立人民币协定存款账户，双方依照《模拟银行人民币单位协定存款章程》和《模拟银行人民币单位协定存款管理办法》的规定办理协定存款业务。

二、甲方在乙方开立协定存款账户的账号：501000223633091，其基本存款额度为人民币（大写）壹佰万元。

三、甲方承诺不在协定存款账户上办理透支业务。

四、乙方按季对甲方协定存款账户进行结息。协定存款账户中基本存款额度以内的存款按结息日活期存款利率计息；超过基本存款额度的存款按结息日中国人民银行公布的协定存款利率计息。

五、对协定存款账户销户，如果在结算日销户，超过基本存款额度的存款按协定存款利率计息；如果不在结算日销户，超过基本存款额度的存款从上一结息日起到销户日止，不再按协定存款利率计息，而按销户日活期存款利率计息。

六、双方应按有关规定及时对账。

七、本合同的有效期为 12 个月。

八、合同期满，甲方需要销户，必须于距合同到期日10天前向乙方提出书面销户通知，并于到期日办理销户手续。

九、合同期内，甲方原则上不得要求销户，如遇特殊情况，须向乙方提交书面销户申请，乙方在收到销户申请后5个工作日内答复。乙方审核批准后，按前条规定为甲方办理销户手续。

十、本合同不得质押，且不具任何证明之作用。

十一、本合同一式两份，双方各执一份。

十二、本合同经双方签章、签字后，自 2019 年 7 月 1 日起生效执行。

甲方：CY 家园公司　　　　　　　　乙方：模拟银行 CY 市分行

（公章）　　　　　　　　　　　　　（公章）

法定代表人：　　　　　　　　　　　经办行负责人：

（或授权代理人）

2019 年 7 月 1 日　　　　　　　　　2019 年 7 月 1 日

图 3-7　模拟银行人民币单位协定存款合同

（2）将结算账户中超额度的部分转入协定存款账户，单独按照协定存款利率计息。

（3）双方在合同上加盖公章及法人代表章，各执一份。

步骤3：柜员办理

（1）操作柜员终端，在系统中进行"单位协定存款约定交易"操作，开立单位协定存款账户。

（2）根据合同录入基本留存额度和期限。

步骤4：送别客户

将盖好章的合同返还一份给客户，结束业务。

任务二 存 入

【知识探微】

单位协定存款是在单位活期存款基础上延伸出来的，实际上执行的是"一个账户、一个余额、两个结息积数、两种利率"的管理方式。单位协定存款存入业务与单位活期存款的存入业务相同，此处不再赘述。只是B户存款的存入采取日终由计算机根据A户的存款余额超过协定合同签订的基本存款额度部分自动转存并批量产生相应转账凭证、余额积数等。

任务三 支 取

【场景设定】

201×年2月1日，CY市阳光公司来行办理了单位协定存款业务。201×年3月22日阳光公司来行提取备用金。支取本金10 000元，并连同一季度的利息一并提取。一季度阳光公司结算户的计息积数为11 870 000，协定户的计息积数为1 870 000。单位协定存款利率为2.50%，活期存款利率为0.385%。柜员李阳（柜员号：203006）接待了客户，并圆满完成了业务。

步骤1：柜员受理

受理客户提交现金支票（图3-8）。

步骤2：柜员审核

现金支票是否真实、完整，是否超过提示付款期限，是否为远期支票，出票人签章是否符合规定，印章与预留银行的印鉴是否相符，支票大小写金额是否一致，支票背面是否背书，背书是否正确。

【知识探微】

单位协定存款利息计算方法

$$应计利息 = 结算户利息 + 协定户利息$$

$$结算户利息 = 结算户累计计息日积数 \times 活期存款日利率（‰）$$

$$协定户利息 = 协定户累计计息日积数 \times 协定存款日利率（‰）$$

具体在本业务中

$$结算户利息 = 结算户累计计息日积数 \times 活期存款日利率（‰）$$
$$= 11\,870\,000 \times 0.385\% \div 360 = 126.94（元）$$

$$协定户利息 = 协定户累计计息日积数 \times 协定存款日利率（‰）$$
$$= 1\,870\,000 \times 2.50\% \div 360 = 129.86（元）$$

$$应计利息 = 126.94 + 129.86 = 256.80（元）$$

现 金 支 票

ⅡVI000000××

出票日期（大写）：　　　　　　　　　　　　付款行名称：模拟银行CY市分行

收款人：　　　　　　　　　　　　　　　　　出票人账号：

人民币 （大写）	千	百	十	万	千	百	十	元	角	分

本支票付款期限十天

用途

上列款项请从

我账户内支付

出票人签章

　　　　　　　　　　　　　　　　　　　　复核　　　　记账

附加信息：

　　　　　　　　　　　　　　　　　　　　　　　收款人签章

　　　　　　　　　　　　　　　　　　　　　　　　年　月　日

身份证件名称：　　　　发证机关：

号码

图 3-8　现金支票

步骤 3：柜员办理

进入柜员终端，进行"人民币现金支取"操作，并根据客户提取款项金额及要求进行配款。

步骤 4：签章

在现金支票上加盖现金清讫章和柜员名章。

步骤 5：送别客户

将现金交客户。将现金支票按类整理存放，结束该笔业务。

> **小贴士**
>
> 1．支取
>
> 协定存款账户的 A 户视同一般结算账户管理使用，可用于现金转账业务支出，A 户、B 户均不得透支，B 户作为结算户的后备存款账户，不直接发生经济活动，资金不得对外支付。
>
> 2．结息
>
> 每季末月 20 日或 B 户销户时应计算协定存款利息。季度计息统一于季度计息日的次日入账；如属协定存款合同期满终止续存，其销户前的未计利息于季度结息时一并计入 A 户。

任务四　销　户

【场景设定】

201× 年 12 月 21 日，CY 市阳光公司向本行申请注销 B 户。截至销户日当天，B 户累计应计息积数为 5 340 000 元，协定利率为 2.50%。柜员李阳（柜员号：203006）接待了客户，并圆满完成了业务。

步骤 1：销户单位申请

受理客户提交的模拟银行单位协定存款销户通知书（图 3-9）。

步骤 2：柜员审核

审核销户申请书内容的完整性和正确性，审核后交会计主管授权。

步骤 3：柜员办理

进行"单位协定存款销户计息"操作，告知客户余额，并要求客户填写转账支票和进账单，将客户账户余额转入指定账户；转账完毕进行"单位协定存款销户"操作；打印模拟银行单位协定存款利息清单（图 3-10）。

模拟银行单位协定存款销户通知书

No000×

模拟银行 CY 市分行：

　　本单位需将　　年　　月　　日在贵行开立的人民币单位协定存款账户，账号：_____。金额为人民币（大写）：_____予以结清，并将结后余额转入在贵行开立的_____（基本存款账户或一般存款账户），账号：_____。请予以办理。

　　特此通知。

单位名称：　　　　　　　　　　　　　　经办行确认：

（单位盖章）　　　　　　　　　　　　　（单位盖章）

法定代表人：　　　　　　　　　　　　　经办行确认：

　　年___月___日　　　　　　　　　　　年___月___日

图 3-9　模拟银行单位协定存款销户通知书

模拟银行单位协定存款利息清单

账别：　　　　　　　　　　　　　　　年　　月　　日

户名				账号		
起息日	止息日	天数	计息积数		日利率/%	利息
合计						
上列存款利息已经转到			账户下，请您核查（银行签章）			

第二联　客户留存　　　　　　事后监督　　　　　　复核（授权）　　　　　　经办

图 3-10　模拟银行单位协定存款利息清单

步骤 4：签章

在利息清单、转账支票、三联进账单上加盖转讫章和柜员名章。在《单位协定存款销户通知书》上加盖业务公章和柜员名章。

步骤 5：送别客户

将模拟银行单位协定存款销户通知书第一联，利息清单客户联，进账单第一、三联交客户。将模拟银行单位协定存款销户通知书第二、三联，转账支票，进账单第二联按类整理存放，结束该笔业务，送别客户。

> **小贴士**
>
> **销户**
>
> （1）协定存款合同期满，若单位提出终止合同，应办理协定存款户销户，将协定户（B 户）的存款本息结清后，全部转入基本存款账户或一般存款账户中。
>
> （2）结清 A 户，B 户也必须同时结清。
>
> （3）在合同期内原则上客户不得要求清户，如有特殊情况，须提出书面声明，银行审核无误后，办理清户手续。

项目十

单位贷款业务处理

任务目标

1. 了解单位贷款基础知识，掌握单位贷款业务操作流程和操作规范。
2. 学会单位贷款业务的相关操作，能在银行为单位办理贷款存款的贷款借据管理、贷款发放、部分还贷、贷款展期确认、全部还贷等业务。
3. 树立岗位意识。

【场景设定】

柜员李阳（柜员号：203006）上班了，他开启计算机；并按照《中国银行业柜面服务规范》中服务环境基本要求，把印章、印泥、计算器、捆钞条等按操作需要摆放在桌面上；领出现金支票及转账支票各一本（25 张）；单位定期存款开户证实书 10 张。

做完营业前的准备工作，参加了每天一次的晨会，开始对外营业。

[信息] 北京金丝面包厂，有限责任公司，商业，营业执照：19 位班级学号（例 0810 班 40 号学生，其录入的执照号为 0810400810400810400）；地址：北京市丰台区马堡 2 号；电话：12345678。

（1）金丝面包厂在本行开立一基本户，存入现金 10 元。

（2）该厂在本行因资金流动的需要，办理短期商业贷款 10 万元，月利率经协商为 5.525‰，贷款期为 6 个月。贷款借据号为 15 位班级学号（同信息），无委托人及贴现天数。抵押方式为质押。

（3）我行批准该厂贷款，进行发放。

（4）金丝面包厂因收到货款 4 万元，决定部分提前还贷。用转账支票归还部分贷款。

（5）该厂剩余贷款 6 万元，厂家认为在规定还款时间不能实现，向我行申请展期，延长贷款期 3 个月。利率为 6‰。

单位贷款业务办理流程

（1）贷款是银行按照有借有还的原则，借出货币资金并收取一定利息的一种信用活动。

（2）贷款人是指在贷款活动中运用信贷资金或自由资金向借款人发放贷款的金融

机构。

（3）借款人指从经营贷款业务的中资金融机构取得贷款的法人、其他经济组织、个体工商户和自然人。

任务一　贷款借据管理

贷款借据管理，当某单位因扩大生产或资金短缺或其他各种原因向银行贷款时，需要向银行提出贷款申请。

柜员根据贷款申请，在系统的贷款借据中详细记录贷款用途、贷款方式（长期、中期、短期）、贷款类型（信用贷款、担保贷款还是抵押质押贷款）、贷款金额及期限、贷款利率等信息以备审查。

银行针对单位提交的借据进行审核与审查：单位资质、还款能力、单位信用、抵押物等条件，再决定是否放贷。

业务办理：对公存贷—贷款管理—贷款借据管理。

【知识探微】

贷款的种类

（1）按贷款对象不同，可以分为单位贷款和个人贷款。

（2）按贷款期限不同，可以分为短期贷款和中长期贷款。一年及一年以内为短期贷款，一年以上为中长期贷款。

（3）按贷款的保障形式不同，可以分为信用贷款、担保贷款和抵押贷款等。

①信用贷款。

信用贷款是银行仅凭借款人的信誉对中小企业发放的一种贷款，这种信用贷款不需要借款人提供第三方担保或财产抵押。

②担保贷款。

担保贷款是在借贷关系中，贷款人为确保贷款的按时收回，要求借款人或第三人提供一定的财产或资信而发放的贷款。这种贷款比起信用贷款来说风险小，保证性强。所以在银行中也普遍使用。

③抵押贷款和质押贷款。

抵押贷款是按《担保法》规定的抵押方式以借款人或第三人的财产作为抵押物而发放的贷款。债务人有权依照《担保法》规定以该财产折价或变卖该财产的价款优先抵还贷款，比如：房屋、其他财产、土地使用权。

质押贷款是按《担保法》规定的质押方式以借款人或第三人的动产或权利为质押物而发放的贷款，质押贷款分为动产质押和权利质押，比如汇票、支票、本票、债券、存款单、可转让的股份（票）、可转让的专利权、著作权等。

任务二 贷款发放

贷款发放，银行审查后，决定可以放款，银行将单位所申请的贷款金额打入其账户。
业务办理：对公存贷—贷款业务—贷款发放。

【知识探微】

贷款利息的计算
计息公式为：

$$利息 = 本金 \times 期限 \times 利率$$

利率换算公式：

$$日利率 = 年利率 \div 360$$
$$月利率 = 年利率 \div 12$$

年利率用百分数（%）表示，月利率用千分数（‰）表示，日利率用万分数（‱）表示。

任务三 部分还贷

部分还贷的贷款利率高于存款利率。单位有时如有意外所得，同时为减轻还款压力，愿意部分提前还贷。

如单位选择转账部分还贷，柜员则应在界面上标明支票的凭证号码，如单位选择现金部分还贷，柜员则不需要填写凭证号码。

业务办理的操作步骤为"对公存贷—贷款业务—部分还贷"。

任务四 贷款展期确认

贷款展期，指贷款人在向贷款银行申请并获得批准的情况下，延期偿还贷款的行为。

业务办理的操作步骤为"对公存贷—贷款管理—贷款展期确认"。

【知识探微】

贷款展期的规定及处理
（1）贷款是否展期由贷款人决定。申请保证贷款有抵押贷款、质押贷款展期的，还应当由保证人、抵押人、出质人出具的同意书面证明。已有约定的，按照约定执行。

（2）短期贷款（期限在一年以内，含一年）展期期限累计不得超过原贷款期限（原则不办理）；中期贷款（一年以上，五年以下，含五年）展期期限累计不得超过原贷款期限的一半；长期贷款（五年以上）展期期限累计不得超过三年。国家另有规定者除外。

（3）借款人未申请展期或申请未获批准的，其贷款从到期日次日起，转入逾期贷款账户。单位如果认为原贷款时间短，想延长贷款时间，则与银行协商，银行同意后，办理展期确认手续。因为展期变相相当于单位违约，因此新的贷款利率一般比原来高些。

> **小贴士**
>
> **案例解析**
>
> ××果品批发公司向北京市工行申请短期贷款80 000元，期限一年，北京市工行要求借款人提供担保人，借款人（××果品批发公司）找到了北京市商业局，请其充当保证人，请问商业局能否成为借款人的保证人？
>
> **案例分析**
>
> 国家机关不能成为保证人，在本案例中，北京市商业局是国家所属的事业单位，因此不能成为保证人。不具有保证人资格的单位有：国家机关、学校、幼儿园、医院等以公益为目的的事业单位、社会团体、企业法人的分支机构和职能部门。

任务五　全部还贷

全部还贷，如果单位贷款一段时间后，在贷款期内可以将贷款本息还回，可以做全部还贷业务处理。

业务办理的操作步骤为"对公存贷—贷款业务—全部还贷"。

> **小贴士**
>
> **案例解析**
>
> 北京市××机械厂为了生产经营需要，以其长期不用的一栋厂房作抵押，向银行申请抵押贷款，经银行信贷部门审查鉴定，该厂房的价值为50万元，请问北京市××机械厂能否从银行取得50万元的抵押贷款？
>
> **案例分析**
>
> 不可以。按我国的信贷规定，抵押贷款的贷款额度，以抵押物的现值为基数，按双方商定的抵押率计算。

银行贷款是资产还是负债?

（1）资产是企业、自然人、国家拥有或者控制的能以货币来计量收支的经济资源，包括各种收入、债权和其他。

（2）负债是企业承担的，以货币计量的在将来需要以资产或劳务偿还的债务。

单元四

银行柜面"对公、对私"业务处理

导 读

对公、对私分别指的是银行的对公业务和个人银行业务。银行对公业务包括企业电子银行、单位存款业务、信贷业务、机构业务、国际业务、委托性住房金融、资金清算、中间业务、资产推介、基金托管等,通俗点说就是"对单位的业务"。银行内部最基本的部门就是储蓄(对私)、会计(对公)和信贷。

具体来说,对公业务是以企业法人、单位等客户为主体,围绕公存账户开展各类支票、汇兑、贷款等业务。个人银行业务,是指商业银行对个人客户提供的存款、贷款、支付结算等服务。一般对公业务只能在总行、分行、支行等大一点的银行柜台办理,而对私业务可以选择处理点、储蓄所等柜台办理,也可以借助银行其他方式办理,比如取款可以选择ATM等办理。大部分银行星期六和星期日不对公办理业务,而有些银行在星期六和星期日都可以办理对私业务。

单元目标

1. 银行柜面代理业务代理:代收代付业务;代理保险业务;代理国债业务;代理证券、基金业务处理;代理贵金属业务处理。

2. 银行卡柜面业务处理;结算业务处理:汇兑业务;委托收款业务;银行本票业务;银行汇票业务。电子银行业务处理。

3. 提高学生操作技能,按规范完成业务处理活动,并礼貌待客。

4. 培养主动思考,处理多种对公、对私业务的能力。

项目十一

柜面代理业务

任务目标

1. 了解目前银行代理业务的主要内容，掌握操作规范。
2. 掌握银行的代收代付业务，了解代理保险业务，代理国债业务，代理证券、基金业务，代理贵金属业务的基本规定及主要操作流程。
3. 树立岗位意识。

任务一　代收代付业务

代收代付业务是指各商业银行利用自身的结算便利，接受客户的委托代为办理指定款项的收付事宜的业务。其中，代收业务是指银行按照与委托单位及缴款单位（个人）的协议，根据委托单位提供的清单或缴款单位（个人）提供的缴款凭证，由银行代理委托单位收取款项的业务；代付业务是指银行按照与委托单位的协议，根据委托单位提供的清单，由银行代理委托单位收发放款项的业务。

【知识探微】

1. 代收代付业务的种类

①代收上缴款项；②代收代付货款；③代管福利账户；④代收代付共用事业费；⑤代收代付有价证券款；⑥代收代付其他约定款项。

2. 代收代付的优势

（1）省时、方便、快捷。改变过去客户传统的收费和缴费习惯，收费单位不需要设专人收款，缴费单位（个人）也不需要专程到收费单位收缴，既避免提取和存缴现金的麻烦，又减轻收费单位的工作压力。

（2）资金结算及时。银行按照收缴双方合同签订的时间及时进行资金结算，确保双方的合法权益。

（3）便于通管资金。银行充分利用活期储蓄通存通兑的优势，代客户向多家收款单位缴费，不需要开立多个账户，便于客户集中管理资金。

（4）查询准确快捷。客户利用银行提供电话银行服务，可随时随地查询代缴费项目，还可以及时将资金从其他账户转入代缴费账户。此外，客户还可以持存折到收费行任一个营业机构补登存折，了解扣缴情况。

> **小贴士**
>
> **代收代付的基本规定**
>
> （1）银行按协议规定的时间从存款人的信用卡、专用卡、活期存折上代收有关费用，并通过转账方式划至收款单位的存款账户中。
>
> （2）银行可按代理业务的实际金额向委托人收取一定的手续费，收费标准由双方协商确定，并在协议中明确。

活动一　办理代发工资业务

【场景设定】

201×年1月1日，CY市阳光公司来行办理代发工资业务。柜员李阳（柜员号：203006）接待了客户，并圆满完成了业务。

步骤1：委托单位申请

（1）受理委托单位提出的代发工资申请书，见图4-1。

（2）受理代发单位提供的所有参加代发工资的员工的有效身份证件复印件。

（3）为委托单位员工开立账户。

步骤2：签订协议

委托单位与银行签订代发工资协议，内容包括双方的职责、操作程序、代理费用等。如果委托单位未在本行开立基本账户，则需要提供相关申请资料（比照开户手续）。

代发工资申请书

```
模拟银行 CY 市分行：
    兹有_____已在☑一、你行开立了基本存款账户，账号为：_____，□二、_____
银行开立了基本账户，账号为：_____。特申请向你行办理代发工资业务。每次代发时由我单
位出具转账支票及代发工资清单，对于首次代发人员的身份证号码由我单位在工资清单上提供并对
其真实性承担全部责任，你行无须再进行审查。
    特此申请！
    本申请一式两份，一份银行附首次代发传票附件，一份银行归档。
    注：有选项的在□内打√。

                                                    单位名称：
                                                    （单位盖章）
                                                    法定代表人：
                                                        年  月  日
```

图 4-1　代发工资申请书

步骤 3：柜员办理

（1）受理委托单位按本次代发工资总额开具的转账支票、进账单和当月代发工资清单（新开户的提供身份证件号码），工资清单及身份证件清单均应加盖委托单位公章或财务专用章。

（2）凭委托单位开出的转账支票从其账户扣款转至代发工资专户，如为他行支票的须待款项收妥后方能办理代发工资业务。

（3）在中间业务系统按操作步骤建立单位代理关系（第一次）及职工个人代理关系（新开户的），见图 4-2。

表单	
代理合同号： 自动生成	代理类别： 代发工资
代理收付账号*： 501000135221001	货币： 人民币
客户名称： CY阳光公司	备注：

表单	
批量号： 自动生成	代理合同号*： 50000001
总笔数*： 100	总金额*： 200 000.00
明细信息来源： 手工录入	来源批量号： 001
备注： 代发工资	

图 4-2 单位代理关系操作界面

（4）根据工资清单录入代发数据并与收妥委托单位划转的代发总额进行核对。

（5）向主机发送代发数据并确定入账日期。

（6）入账日接受主机入账数据，如有新开户的按系统提示接受打印存折，同时接受代发清单代传票（委托单位提供的工资清单及身份证件名称号码清单代传票附件）。

（7）新开户的存折或银行卡分别按以下不同情形进行处理：

①如开户行使用的凭证为存折的直接凭委托单位的授权委托书（图 4-3）办理领取手续，银行审查授权委托书及领取人的身份证件（审查原件并复印粘贴在授权委托书背面），经领取人签收后并发放代发人员使用。

②如开户行使用的是银行卡，单位要求对银行卡批量解锁的（授权委托书需填明），在系统中作批量解锁，并审查授权委托书及领取人的身份证件（审查原件并复印粘贴在授权委托书背面），经领取人签收后领取并发放代发人员使用。

③如开户行使用的是银行卡，但单位要求对银行卡解锁方式为逐户解锁的（授权委托书需填明），审查授权委托书及领取人的身份证件（审查原件并复印粘贴在委托书背面），

经领取人签收后并发放代发人员使用。经代发人员逐户凭本人身份证件并持卡到银行办理单户解锁后使用。

（注：授权委托书一式两份，一份银行归档备查，一份作存折或银行卡表外付出传票附件。）

授权委托书

模拟银行 CY 市分行：

　　兹有_____已在你行办理了代发工资业务，现我单位全权委托_____（身份证号码：_____）前往你行办理领取我单位本次代发人员☑银行卡、☐存折，请你行受理，由此引起的一切经济责任由我单位承担。

　　本次领取的☑银行卡、☐存折，起止号码：_____至_____，共领取_____☐本、☑张。

　　如领取的为银行卡，采取的卡解锁方式为：☐一、批量解锁：采取此方式引起的密码泄露在代发人员向我单位领取前造成的代发人员资金损失由我单位承担，代发人员向我单位领卡后造成的资金损失由代发人员本人承担。☑二、逐户解锁：采取此种方式由我单位代发人员持银行卡及本人身份证逐户到你行申请办理解锁，由于密码泄露造成的资金损失由代发人员本人承担。

　　如领取的为存折，对初始化密码的保密由我单位负责并督促代发人员及时到银行办理更改密码手续。

　　注：有选项的在☐内打√。

领取人签字

单位名称：
（单位盖章）
法定代表人：
　年　月　日

图 4-3　授权委托书

步骤 4：受理取款

按照活期储蓄存取手续办理取款。

小贴士

代发工资的优势

（1）发薪单位委托银行定期将工资转入员工的存折或信用卡，省去发薪单位取现、发薪、找零的麻烦，方便又安全。

（2）变"先用后存"为"先存后用"。员工不必领取工资后再跑银行存款，既省时间，又避免现金搁置造成利息损失。

（3）客户的发薪存折（卡）均在收费银行所有营业机构开办通存通兑业务，或持卡在自动柜员机（ATM）办理取款业务，同时还可通过电话银行办理转账查询等业务。

活动二　办理代理收费业务

【场景设定1】

客户张昊来行办理现金缴纳本月固定电话费215.67元，柜员李阳（柜员号：203006）接待了客户，并圆满完成了业务。

步骤1：柜员受理

客户向柜员提供需缴费号码。柜员选择实时缴费交易，根据客户提供的电话号码查询客户应缴费金额。与客户确认户名和电话号码，告知应缴费金额。

步骤2：收款

收取客户缴纳的款项。

步骤3：系统操作

（1）操作柜员终端，进行"代收固定电话费"交易，选择缴费方式（现金、转账），输入缴费金额，核对屏幕输入内容正确后，按照程序提示进行缴费处理（图4-4）。

（2）打印发票，审核打印内容是否正确、完整。

（3）在发票各联上加盖现金清讫章及名章。

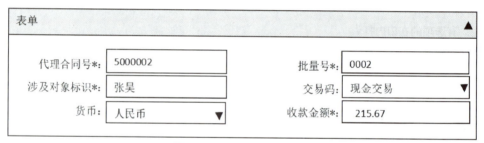

图4-4　现金收费操作界面

步骤4：送别客户

将发票回执联交客户，将发票留存联按类存放，结束该笔交易。

【场景设定2】

201×年2月1日，客户胡凤持水费发票及活期存折来行办理委托代缴水费业务，金额326.80元，柜员李阳（柜员号：203006）接待了客户，并圆满完成了业务。

步骤1：柜员受理

受理客户提交一式两联"代理转账收付委托书"（图4-5）、存折、水费发票和身份证件。

步骤2：柜员审核

（1）审核客户的有效身份证件。

（2）审核委托书填写内容是否完整、清晰、正确。

（3）如果客户没有银行的账户，要求客户开立账户；如果客户有银行的账户，要审核该账户是否为本行受理的账户，是否为本人的账户。

银行代理转账收付委托书

兹立委托书,委托模拟银行,依照下列指定项目单位提供的付款或收款信息,以无折转账方式于下述"委托转账账号"进行转账付款或收款。

<table>
<tr><td rowspan="9">客户填写</td><td colspan="2">委托人姓名:</td><td colspan="3">委托转账账号:</td></tr>
<tr><td colspan="2">委托人身份证件号:</td><td colspan="3">客户编号:</td></tr>
<tr><td colspan="2">通信地址:</td><td colspan="2">联系电话:</td><td>邮编:</td></tr>
<tr><td colspan="2">原账户户名(变更时填写):</td><td colspan="3">原账户账号(变更时填写):</td></tr>
<tr><td colspan="2">客户为:委托人本人☑</td><td colspan="3">代理人□</td></tr>
<tr><td colspan="2">代理人姓名:</td><td colspan="3">代理人身份证件号:</td></tr>
<tr><td rowspan="3" colspan="2">请选择或填写所需项目并在□内打勾</td><td colspan="2">委托转账付款</td><td>委托转账收款</td></tr>
<tr><td>水□</td><td>住宅电话□</td><td>保险给付□</td></tr>
<tr><td>电□</td><td>移动电话□</td><td></td></tr>
<tr><td colspan="2"></td><td>煤□</td><td></td><td></td></tr>
<tr><td>银行打印</td><td colspan="5"></td></tr>
</table>

委托人(代理人)声明:已核对确认银行打印的内容无误。阅读并同意遵守模拟银行如下规定:
1. 委托人必须是指定转账账户所有人,指定账户可以支付委托人本人及他人的多项费用及领取本人的多项款项。
2. 若客户为代理人,代为办理委托时须同时提供代理人和委托人身份证件。
3. 上述各委托项目须经银行与相关公司进行信息确认,每项委托关系自经确认无误并首次发生转账收付之日起生效。
4. 委托账户因存款余额不足或因发生挂失、冻结、结清造成无法转账收付而产生的后果,由委托人自负。
5. 本委托书一式两联,第一联受理银行留存,第二联委托人保存。

委托人(代理人)签章:　　　　　　　　　日期:
受理银行签章:　　　　　　　　经办签章:　　　　　日期:

图 4-5　代理转账收付委托书

步骤 3:柜员办理

操作柜员终端,进行"代理业务"操作,录入客户信息,确认交易成功(图 4-6)。

图 4-6　转账收费操作界面

步骤 4:签章

打印业务受理单,交客户签字,并在代理转账收付委托书和业务受理单上加盖业务公章和柜员名章。

步骤 5：送别客户

将代理转账收付委托书客户回单联、活期存折、发票、身份证件交客户，将代理转账收付委托书留存联按类存放，结束该笔交易，送别客户。

> **小贴士**
>
> **代付水费**
>
> 代付水费是代收代付业务的一种。代收代付业务是银行利用自身网点、人员、汇兑网络等优势，接受行政管理部门、社会团体、企事业单位和个人的委托，代为办理指定范围的收付款项的服务性中间业务。

任务二　代理保险业务

代理保险业务是指银行接受保险公司委托，以代理人的身份代为办理财产保险和人身保险等保险业务，并向保险公司收取手续费的一项中间业务。这项业务在一些银行也被称为"银保通"。

银行开办代理保险业务的前提是必须与委托代理的保险公司签订《保险代理合同书》，建立正式的业务代理关系。保险代理合同书的内容包括合同当事人的名称、代理人的权利与义务、代理地域范围、代理期限、代理的险种、保险费划拨方式和期限、代理手续费支付标准和方式、违约责任、争议处理。

银行代理保险业务，可以受托代理个人或法人投保各险种的保险事宜，也可以作为保险公司的代表，与保险公司签订代理协议，代保险公司承接有关的保险业务。代理保险业务一般包括代售保单业务和代付保险金业务。

活动一　办理代理保险承保

【场景设定】

201×年1月1日，客户胡风持身份证件来行购买财产保险，柜员李阳（柜员号：203006）接待了客户，并圆满完成了业务。

步骤 1：柜员受理

客户来银行办理投保业务时，柜员应帮助投保人（代理投保人）正确、完整、清晰地填写一式三联财产险投保申请书（图4-7），同时请投保人（代理投保人）提交本人有效身份证件。

财产险投保申请书

投保单号：<u>NO43215</u>

本申请书由投保人如实地、尽可能详尽地填写并签章后作为向本公司投保财产险的依据。本申请书为该财产险保险单的组成部分。

被保险人：		
保险财产地址：		
保险期限： 自　年　月　日中午　时正至　年　月　日中午　时正		
建筑情形及周围情况：		
保险财产使用性质：		
是否有警报系统或安全保卫系统：		
以往损失情况：		
保险财产名称	投保金额	每次事故免赔偿
房屋建筑		
装置及家具		
机器设备		
仓储物		
其他物品		
总保险金额：		
费率：　　　　保险费：		
备注：		

投保人（签名盖章）_____　　　　电话_____

地址_____　　　　　　　日期_____

图 4-7　财产险投保申请书

步骤 2：柜员审核

（1）审核客户提交的身份证件是否真实有效。

（2）审核财产险投保申请书、银行代理转账收付委托书的内容是否完整、正确、清晰。对投保金额在 5 万元以下的保险代理业务可采用柜员制形式，对金额超过 5 万元的保险代理业务必须经过授权复核。

（3）审核符合承保条件，确认后在财产险投保申请书上加盖保险代理业务专用章和经办柜员名章，在投保人和保险公司留存联上加盖保险代理业务专用章。

步骤 3：柜员办理

（1）审核财产险投保申请书无误后，柜员将财产险投保申请书上的有关内容录入计算机系统并提交核保。

（2）投保成功后，打印保险单、一式五联的保费发票（收据）及活期一本通存折。

步骤 4：签章

在保费发票（收据）及活期一本通存折上加盖业务公章、名章。由银行柜员出单的保险产品，在核保后，直接向投保人出具保险单，提请投保人在保险单回单联上签名确认。

步骤 5：送别客户

将保险单正本、收费凭证客户联、有效身份证件、活期存折交给客户，结束业务。

> **小贴士**
>
> 投保人、被保险人、收益人不一致时，须同时提交：投保人、被保险人、收益人身份证件。

活动二　办理代付保险金

【场景设定】

201×年1月1日，客户胡风持身份证件来行办理代付第二期保险金业务，柜员李阳（柜员号：203006）接待了客户，并圆满完成了业务。

步骤1：柜员受理

受理客户提交一式两联银行代理转账收付委托书（图4-8）、存折、保单及上期保费发票和身份证件。

银行代理转账收付委托书

兹立委托书，委托模拟银行，依照下列指定项目单位提供的付款或收款信息，以无折转账方式于下述"委托转账账号"进行转账付款或收款。

客户填写	委托人姓名：		委托转账账号：		
	委托人身份证件号：		客户编号：		
	通信地址：		联系电话：		邮编：
	原账户户名（变更时填写）：		原账户账号（变更时填写）：		
	客户为：委托人本人 ☑　　代理人 □				
	代理人姓名：		代理人身份证件号：		
	请选择或填写所需项目并在□内打勾	委托转账付款		委托转账收款	
		水 □	住宅电话 □	保险给付 ☑	
		电 □	移动电话 □		
		煤 □			

银行打印	

委托人（代理人）声明：已核对确认银行打印的内容无误。阅读并同意遵守模拟银行如下规定：

1. 委托人必须是指定转账账户所有人，指定账户可以支付委托人本人及他人的多项费用及领取本人的多项款项。
2. 若客户为代理人，代为办理委托时须同时提供代理人和委托人身份证件。
3. 上述各委托项目须经银行与相关公司进行信息确认，每项委托关系自经确认无误并首次发生转账收付之日起生效。
4. 委托账户因存款余额不足或因发生挂失、冻结、结清造成无法转账收付而产生的后果，由委托人自负。
5. 本委托书一式两联，第一联受理银行留存，第二联委托人保存。

委托人（代理人）签章：　　　　　　　　　　　　　　　　　　　　日期：
受理银行签章：　　　　　　　经办签章：　　　　　　　　　　　　日期：

图4-8　银行代理转账收付委托书

步骤2：柜员审核
（1）审核客户的有效身份证件。
（2）审核委托书填写内容是否完整、清晰、正确。
（3）如果客户没有银行的账户，要求客户开立账户；如果客户有银行的账户，要审核该账户是否为本行受理的账户，是否为本人的账户。

步骤3：柜员办理
进入操作柜员终端，进行"代理业务"操作，录入客户信息，确认交易成功。

步骤4：签章
打印业务受理单，交客户签字，并在银行代理转账委托书和业务受理单上加盖业务公章和柜员名章。

步骤5：送别客户
将银行代理转账收付委托书客户回单联、活期存折、发票、身份证件交客户，将银行代理转账收付委托书留存联按类存放，结束该笔交易，送别客户。

任务三　代理国债业务

我国的国债专指财政部代表中央政府发行的国家公债，由国家财政信誉作担保，信誉度非常高，历来有"金边债券"之称。稳健型投资者喜欢投资国债。

按国债的券面形式可分为三大品种，即无记名式（实物）国债、凭证式国债和记账式国债。其中，无记名式国债已停止发行，而后两种则为目前的主要形式。随后我国又于2006年7月推出一种新型国债——储蓄国债（电子式），借鉴了凭证式国债的稳健性和记账式国债的灵活性等优势。它们的主要区别见表4-1。

表4-1　凭证式国债、记账式国债、储蓄国债（电子式）的主要区别

类型	凭证式国债	记账式国债	储蓄国债（电子式）
含义	不印制实物券面，采用填制"国债收款凭证"的方式，通过部分商业银行和邮政储蓄柜台，面向城乡居民个人和各类投资者发行的储蓄性国债	又称无纸化国债，是指将投资人持有的国债份额登记于证券账户中，即通过电子债券簿记系统记录债权，而不是通过债券实物证明债权的一种国债	是面向境内中国公民储蓄类资金发行的，以电子方式记录债权的一种不可上市流通的人民币债券
债权记录方式	发售银行向投资者出示的纸质记账凭证，即"凭证式国债收款凭证"作为债权记录的证明	通过中央国债登记结算公司和各承办银行债券登记托管系统记录债权，计算机记账，无纸化发行	有专门的计算机系统用于记录和管理投资人的债权，计算机记账，无纸化发行
保管方式	由投资人自行保管	记载在债券账户中	记载在国债托管账户中
发行对象	主要是个人，部分机构也可认购	机构和个人都可以购买	限中国境内个人投资者，机构不允许购买或持有

续表

类型	凭证式国债	记账式国债	储蓄国债（电子式）
申购手续	可持现金直接购买	开立债券账户卡或国债账户卡、基金账户卡等，并指定对应的资金账户后购买	开立个人国债托管账户并指定对应的资金账户后购买
买卖时间	在规定的发行期内买卖	随时买卖	在规定的发行期内买卖
流通转让	只能一次性提前兑付，不可流通转让	可自由买卖、上市流通	可以提前兑取，不可以上市流通
还本付息	固定利率，分档计息；到期按照票面利率一次还本付息，逾期不加计利息	固定利率零息、固定利率附息和浮动利率三种；每年付息一次，当日通过计算机系统自动完成处理	按年付息、利随本清两种；到期银行自动将本金和利息转入投资者资金账户，并作为居民存款按活期存款利率计付利息
收益水平	收益率固定，即票面利率，客户持有到期，仅有票面利率收益	长期持有收益固定；进行买卖可随利率变动而变动，除可得到持有期间的利息收益外，还可通过买卖差价赚取资本溢价收益（或亏损）	收益稳定，票面利率在发行时就已确定
风险程度	风险较小（因为利率固定，发行时对提前兑取做了规定，投资者所能获得的收益可提前预知）	风险较大（因为交易价格由市场决定，可能高于或低于发行面值。投资者于到期前卖出，其收益是不能提前预知的）	风险较小（因为利率固定，发行时对提前兑取或终止投资做了规定，投资者所能获得的收益是可提前预知的）
承办机构	由各类商业银行和邮政储蓄机构组成的凭证式国债承销团成员的营业网点销售	中国人民银行上报财政部后，批准具备条件的商业银行成为柜台交易承办银行，办理柜台交易业务	由经财政部会同中国人民银行确认代销试点资格的，并开通相应系统的商业银行营业网点销售

活动一　办理代理发行凭证式国债

【场景设定】

201×年1月20日，客户胡风来行要求购买80 000元的3年期凭证式国债，柜员李阳（柜员号：203006）接待了客户，并圆满完成了业务。

步骤1：柜员受理

询问客户要购买的国债种类和数量，并提请客户提交现金和身份证件。

步骤2：柜员审核

柜员审核身份证件，清点现金核对相符后登记现金票面，现金入库，留存客户身份证件复印件。

步骤 3：柜员办理

进入操作柜员终端，进行"凭证式国债开户"交易，依次输入客户姓名、期次、存期、金额、身份证件号码等各项开户资料，并按序使用重要空白凭证，输入凭证式国债收款凭证编号。如客户选择密码支取方式，必须由客户通过密码小键盘输入密码，录入后提交。

步骤 4：打印

打印中华人民共和国凭证式国债收款凭证（图 4-9）和个人业务存款凭证（图 4-10），请客户在个人业务存款凭证上签名。在凭证式国债收款凭证上加盖存单折专用章及名章，在个人业务存款凭证上加盖现金清讫章及名章。

中华人民共和国凭证式国债收款凭证

模拟银行   Ⅸ Ⅱ 0000096

购买日期	起息日期	密印	年度	期次	期限	年利率	到期日期	柜员号

账号_____ 户名_____ 原账号_____

金额（大、小写）

银行签单

	兑取日期	计息天数	年利率	利息	柜员号

兑取时：复核   出纳   记账   购买时：复核   出纳   记账

图 4-9 中华人民共和国凭证式国债收款凭证

步骤 5：送别客户

将中华人民共和国凭证式国债收款凭证及客户身份证件一并交客户，将个人业务存款凭证按类存放，结束该笔业务。

个人业务存款凭证

年　　月　　日

银行打印	户名	账（卡）号		顺序号
	币种	钞汇标志		存款金额
	业务类型	存期	转存标志	转存期限
	日期	日志号	交易码	流水号　柜员号

客户备注：
账（卡）号_____
币种_____ 序号_____
存期_____ □钞 □汇
□到期转存 约转存期____月
□到期不转存

金额：| 亿 | 千 | 百 | 十 | 万 | 千 | 百 | 十 | 元 | 角 | 分 |

客户确认：本人已确认银行打印记录正确无误。
客户签名：_____

事后监督   经办

图 4-10 个人业务存款凭证

小贴士

（1）凭证式国债是银行代理国家财政部发行的一种债务凭证，购买起点金额为100元人民币，大于100元人民币必须是百元的整数倍数。

（2）凭证式国债按年度、分期次发行，存期一般为2年、3年、5年，购买国债时由银行营业网点向客户签发国债收款凭证，该凭证为记名凭证，可挂失，可在同一城市内通兑，到期或提前兑付凭该凭证支取本息。同时，对于凭证式国债国家免征利息税。

（3）凭证式国债不得部分提前兑付，提前兑付的国债要收取手续费。

活动二　办理代理兑付到期凭证式国债

【场景设定】

201×年1月20日，客户胡风购买的80 000元的3年期凭证式国债到期，持本人身份证件来行提出申请兑付，柜员李阳（柜员号：203006）接待了客户，并圆满完成了业务。

步骤1：柜员受理

客户提交凭证式国债收款凭证及本人有效身份证件，柜员与客户确认兑付事宜。

步骤2：柜员审核

柜员审核凭证式国债收款凭证是否为本行签发，同时，根据客户提供的凭证式国债收款凭证查询账户情况，审核是否可办理兑付业务，并把客户的身份证件信息记录在凭证式国债收款凭证的背面。

步骤3：柜员办理

（1）操作柜员终端，进行"凭证式国债兑付"交易，手工输入账号及凭证式国债收款凭证编号，核对屏幕显示账号，编号与凭证式国债收款凭证内容一致后，输入金额，选择到期兑付。

（2）如果账户留有密码需提请客户输入密码，按程序提示进行国债兑付记账处理。

（3）打印中华人民共和国凭证式国债收款凭证、储蓄存款利息清单（图4-11），审核打印内容是否正确、完整。

储蓄存款利息清单

年　　月　　日

户名				账号			
储种	本金	类别	利率/%	利息	应税利息	税率/%	税金
网点号	现转标志	税后利息	税后本息合计	操作	备注		
第二联　客户留存		事后监督		复核（授权）		经办	

图4-11　储蓄存款利息清单

步骤 4：配款盖章

根据利息清单本息合计金额配款，核点现金并经点钞机复点后，在凭证式国债收款凭证、利息清单上加盖现金清讫章及名章。

步骤 5：送别客户

将利息清单回执联、现金一并交客户，将凭证式国债收款凭证、利息清单记账联按类存放，结束该笔业务。

活动三　办理代理提前兑付凭证式国债

【场景设定】

201×年11月30日，客户王华持本人身份证件及201×年1月1日购买的20 000元的3年期凭证式国债来行提出提前兑付申请，柜员李阳（柜员号：203006）接待了客户，并圆满完成了业务。

步骤 1：柜员受理

客户提交凭证式国债收款凭证及本人有效身份证件，柜员与客户确认兑付事宜。

步骤 2：柜员审核

柜员审核凭证式国债收款凭证是否为本行签发，同时根据客户提供的凭证式国债收款凭证查询账户情况，审核其是否可办理兑付业务，并把客户的身份证件信息记录在凭证式国债收款凭证的背面。

步骤 3：柜员办理

（1）进入操作柜员终端，进行"凭证式国债兑付"交易，手工输入账号及凭证式国债收款凭证编号，核对屏幕显示账号、编号与凭证式国债收款凭证内容一致后，输入金额，选择提前兑付。

（2）如果账户留有密码需提请客户输入密码，按程序提示进行国债兑付记账处理。

（3）打印中华人民共和国凭证式国债收款凭证、储蓄存款利息清单、提前兑付手续费清单，审核打印内容是否正确、完整。

步骤 4：配款盖章

根据利息清单本息合计金额配款，核点现金并经点钞机复点后，在凭证式国债收款凭证、利息清单、提请兑付手续费清单上加盖现金清讫章及名章。

步骤 5：送别客户

将利息清单回执联、现金、提请兑付手续费清单回执联一并交客户，将凭证式国债收款凭证、利息清单、提请兑付手续费清单、记账联按类存放，结束该笔业务。

小贴士

(1) 提前兑付凭证式国债本息时，应按实际持有天数及相应的利率档次计付利息；凭证式国债只能全部提前兑付，不能部分提前兑付。

(2) 若上述业务中凭证式国债计息规定：从购买之日起，3年期和5年期本期债券持有期限不满半年不计付利息；满半年不满1年的按年利率0.385%（活期存款利率）计付利息；满1年不满2年的按年利率2.70%计付利息；满2年不满3年的按年利率3.69%计付利息；5年期国债持满3年不满4年的按年利率4.76%计付利息；持满4年不满5年的按年利率5.13%计付利息。银行将于到期日将国债到期本息一次性拨付至投资者指定个人结算账户，不计复利，逾期兑付不加计利息。转入账户的本息资金按活期存款利率计付利息。提前兑付的国债按兑付本金数的1‰收取手续费。

(3) 那么，客户王华属于"满半年不满1年"的情况，应按活期存款利率0.385%计付利息。

王华的应兑付的本息 = 本金 − 手续费 + 利息

= 20 000 − 20 000 × 1‰ + 20 000 × 0.385% ÷ 360 × 333

= 20 000 − 20 + 71.23 = 20 051.23（元）

任务四　代理证券、基金业务

代理证券、基金业务，是指银行接受基金管理人的委托，从事代理销售证券投资基金及注册登记的业务。证券投资基金具有组合投资、分散风险、专业管理、规避风险、税负合理（根据我国现行政策，投资者从基金收益中获取的收益免税）等特点。

活动一　办理第三方存管业务

【场景设定】

201×年1月10日，客户胡风持本人身份证件来行办理第三方存管业务，柜员李阳（柜员号：203006）接待了客户，并圆满完成了业务。

步骤1：柜员受理

提请客户填写《证券代理业务协议书》（一式三联）和模拟银行客户交易结算资金第三方存管业务申请表（一式三联）（图4-12），将本人有效身份证件原件及复印件、同名证券账户卡原件及复印件、借记卡一并交银行柜员。

第一联：银行留存

模拟银行客户交易结算资金第三方存管业务申请表

申请日期： 年 月 日

申请人姓名	
申请人证件类型	
证件号码	
联系电话	手机
联系地址	
邮政编码	
电子邮箱地址	
开户证券公司	
第三方存管资金账号	
借记卡卡号	（注：请您填写已办理第三方存管业务的借记卡）
申请事项	请您在办理业务的方框内打 √ 申请业务类型： ☑签约 □取消签约 □第三方存管账户密码变更 □借记卡密码变更 □借记卡卡号变更　　　　借记卡卡号变更为： □手机号码变更　　　　　手机号码变更为： □其他变更

兹申明以上填写内容属实，办理签约业务时，本人已填写、知悉并自愿遵守《证券代理业务协议书》

申请人签名：
申请日期：
银行经办网点（盖章）：　　　　　　　银行操作员：
受理日期：

（银行打印区）

图 4-12　模拟银行客户交易结算资金第三方存管业务申请表

步骤 2：柜员审核

银行操作员审核证券代理业务协议书和模拟银行客户交易结算资金第三方存管业务申请表填写是否规范，内容是否完整，证件和资料是否齐全、有效。

步骤 3：柜员办理

进入"新客户签约交易菜单"刷卡读入借记卡号，提请投资者输入借记卡密码，录入券商机构代码、同名股东代码卡个数，选择股东账号类别及输入股东代码卡号，提请投资者设置存管账户密码与证券交易密码，选择邮寄对账单选项，录入投资者资料，经审核无误，提交系统处理。

步骤 4：打印、签章

柜员收到受理成功信息后，打印并审核新客户签约回单（一式两联），交投资者签字确认，在《证券代理业务协议书》模拟银行客户交易结算资金第三方存管业务申请表和新客户签约回单上加盖银行业务章和操作员名章。

步骤5：送别客户

将投资者提交的《证券代理业务协议书》和模拟银行客户交易结算资金第三方存管业务申请表的银行留存联和新客户签约回单的第一联留存；另一联新客户签约回单、《证券代理业务协议书》和模拟银行客户交易结算资金第三方存管业务申请表的客户留存联连同借记卡、证件的原件交还投资者，《证券代理业务协议书》和模拟银行客户交易结算资金第三方存管业务申请表的证券公司留存联汇总后移交证券公司。

活动二　办理代理基金交易账户开户

【场景设定】

201×年3月1日，客户胡风持本人身份证件来银行申请开立个人基金账户（身份证件号码：432301197604073016），柜员李阳（柜员号：203006）接待了客户，并圆满完成了业务。

步骤1：柜员受理

客户来银行办理基金账户申请业务时，除提供本人有效身份证件外，还应填写一式两联模拟银行代理基金开（销）户申请书（图4-13）。

模拟银行代理基金开（销）户申请书

年　　月　　日

业务种类	☑开户		□销户		
申请人				经办人	
借记卡号					
投资者证件种类				证件号码	
经办人证件种类				证件号码	
基金账户（开户免填）					
基金注册登记人名称					
申请人				经办人	
投资者证件种类				证件号码	
经办人证件种类				证件号码	
借记卡号				业务种类	
基金账户				客户签名：	
基金注册人名称					
委托号		受理时间		机构投资人预留印鉴：	

银行签单　　　　　　　复核：　　　　　　　经办：

图4-13　模拟银行代理基金开（销）户申请书

步骤 2：柜员审核

柜员受理客户申请后，应按规定对相关证件资料进行以下审核：

（1）审核客户的有效身份证件，原件和复印件是否齐全，基金业务只能客户本人办理。

（2）审核客户填写的代理基金开（销）户申请书的客户信息栏内容是否完整、清晰、正确。如果客户没有银行资金账号，还应填交储蓄开户申请表，开立与基金交易卡（基金账户）捆绑的银行资金账号。

步骤 3：柜员办理

柜员审核相关证件无误后，确定符合办理基金开户条件的，开立基金交易卡（基金账户），输入客户的详细个人信息，同时开通转账业务，使新开办的基金账户与客户指定的银行资金账户建立捆绑。

步骤 4：打印、签章

柜员打印代理基金开（销）户申请书和证券业务回单（一式两联），交客户签字，并在代理基金开（销）户申请书与证券业务回单上加盖业务公章和柜员名章。

步骤 5：送别客户

柜员把代理基金开（销）户申请书与证券业务回单的客户回单联和客户身份证件、银行资金账户、基金账户一并交还客户，把代理基金开（销）户申请书与证券业务回单的银行记账联留存，整理相关的凭证，结束业务，送别客户。

小贴士

代理基金业务的基本规定

（1）投资人在银行办理证券投资基金交易前，应首先在银行开立基金交易账户。

（2）基金交易账户是银行代理基金注册登记机构为投资人以实名设立的，用以采集投资人客户信息，记录和管理投资人在银行交易的基金种类、数量变化情况的账户。

（3）每个投资人针对同一基金登记注册机构只可开立唯一的基金账户，仅限投资者本人使用。开立须本人亲自办理，不得由他人代办。

（4）在开立基金交易账户时，投资人应同时指定一个基金资金账户；银行柜员为投资人办理任何交易均须通过磁条读卡器读入信息。

活动三　办理代理基金申 / 认购

【场景设定】

201×年6月1日，客户胡风持本人身份证件、已开立的个人基金账户和银行资金账户要求申购 30 000 元长城久恒基金（基金代码：200001），柜员李阳（柜员号：203006）接待了客户，并圆满完成了业务。

步骤 1：柜员受理

客户办理基金的申/认购业务时，应提供本人有效身份证件及复印件、基金交易卡（基金账户）、与交易卡相对应的银行资金账户，并且填写一式两联模拟银行代理（基金申/认购）委托单（图 4-14）。如果客户银行资金账户余额不足，也可以持现金办理基金（申/认购）业务。

模拟银行代理（基金申/认购）委托单

☑基金　　□债券　　□账户金　　　　　　　　　年　　月　　日

客户填写					
客户名称		证券卡号			
被授权人姓名		市场代码			
证券代码		证券名称			
基金客户填写□认购　□申购		债券客户填写		账户金客户填写	
金额		价格（元/百元）		价格（元/克）	
份额（基金单位）		数量（百元）		数量（克）	
银行打印					
客户名称：					
申购日期：					
基金名称：					
基金代码：					
申购金额：		银行预留印鉴（机构）			

复核：　　　　　　　　　经办：　　　　　　　　　客户签名：

图 4-14　模拟银行代理（基金申/认购）委托单

步骤 2：柜员审核

（1）审核客户本人的有效身份证件及复印件。

（2）审核客户填写的模拟银行代理（基金申/认购）委托单内容是否完整、清晰、正确。如果是第一次申购基金，柜员还需要审核增开基金账户的相关手续是否填写完整，即客户需再次填写开放式基金账户业务申请表，在"增开交易账户"栏内注明要申/认购的基金。

步骤 3：柜员办理

（1）如果客户银行资金账户余额不足，可持现金来办理基金的申/认购业务，柜员清点现金无误后，应把该款项先存入客户的银行账户。

（2）柜员刷客户银行卡，提示客户输入交易密码，客户输入密码后，进入录入界面，输入基金申/认购委托单交易代码，录入客户填写的基金申/认购信息，确认后客户银行资金账户内的资金划入基金账户，同时基金申/认购交易成功。

步骤 4：打印、签章

柜员打印模拟银行代理（基金申/认购）委托单和证券业务回单，交易手续费直接从客户银行资金账户扣除，提请客户签字，然后在模拟银行代理（基金申/认购）委托单和证券业务回单上加盖银行业务公章和柜员名章。

步骤 5：送别客户

柜员把模拟银行代理（基金申／认购）委托单和证券业务回单的客户回单联与客户身份证件、基金账户、银行资金账户等一并交给客户，送别客户。

活动四　办理代理基金赎回

【场景设定】

201×年11月1日，客户胡风持本人身份证件、已开立的个人基金账户和银行资金账户要求赎回长城久恒基金（基金代码：200001），柜员李阳（柜员号：203006）接待了客户，并圆满完成了业务。

步骤 1：柜员受理

客户来银行办理基金赎回业务时，柜员应提请客户提供本人的有效身份证件、基金交易卡、与交易卡相捆绑的银行资金账户，填写一式两联模拟银行代理（基金赎回／预约赎回）委托单（图4-15）。

模拟银行代理（基金赎回／预约赎回）委托单

□基金　　□债券　　　　　　　　　　　　　　年　月　日

客户填写			
客户名称		证券卡号	
被授权人姓名		市场代码	
证券代码		证券名称	
卖出／赎回数量（百元／份基金单位）		债券卖出价格（元）	
基金赎回方式	□赎　　回	确认编号	
	□预约赎回	确认日期	
巨额赎回未成交部分选择	□延迟到下一开放日		
	□撤销	预约赎回指定日期	年　月　日
银行打印			
客户名称： 赎回日期： 基金名称： 基金代码： 赎回金额：			
银行预留印鉴（机构）			
复核：　　　　　　　经办：　　　　　　　客户签名：			

图 4-15　模拟银行代理（基金赎回／预约赎回）委托单

步骤2：柜员审核

（1）审核客户本人的有效身份证件原件及复印件。

（2）审核客户填写的模拟银行代理（基金赎回/预约赎回）委托单内容是否完整、清晰、正确。

（3）查询客户基金账户，应无挂失、无冻结、无权益、无未完成的交易委托等。

步骤3：柜员办理

柜员输入基金赎回交易代码，录入客户赎回基金的交易信息，确认后交易成功。日终确认赎回交易价格后，赎回资金将划入与客户基金账户捆绑的银行资金账户。

步骤4：打印、签章

柜员打印模拟银行代理（基金赎回/预约赎回）委托单和证券业务回单，提请客户签字；并在模拟银行代理（基金赎回/预约赎回）委托单和证券业务回单上加盖业务公章和柜员名章。交易手续费直接从客户银行资金账户扣除。

步骤5：送别客户

柜员把客户签好的模拟银行代理（基金赎回/预约赎回）委托单和证券业务回单的客户回单联与客户身份证件、基金卡、银行资金账户等一并交给客户，把客户签好的模拟银行代理（基金赎回/预约赎回）委托单和证券业务回单银行记账联留存，整理相关的凭证，送别客户。

投资开放式基金需要承担的费用

（1）认购费。有前端收费和后端收费两种方式。前端收费是在投资人认购款中一次性扣除，后端收费即在赎回时从赎回金额中扣除。目前国内的开放式股票基金的认购费率一般为认购金额的1%～2%，复制型基金的认购费率全部为2%，是收费标准中最高的一种。

（2）申购费。申购费率一般为申购金额的1%～2%，并且适用的费率一般随申购金额的增加而降低，或者随持有时间的增长而降低。

（3）赎回费。法律规定，基金赎回费率不得超过赎回金额的3%，赎回费收入在扣除基本手续费后，余额应该归还基金所有者。

（4）基金管理费。是指支付给实际运用基金资产、为基金提供专业服务的基金管理人的费用。管理费逐日计提，月底由托管人从基金资产中一次性支付给基金管理人，无须另向投资人收取。

（5）基金托管费。是指基金托管人为基金提供服务而向基金投资人收取的费用。支付给实际运用基金资产、为基金提供专业服务的基金管理人的费用。托管费逐日计提，按月从基金资产中一次性支付给基金托管人，不用另向投资人收取。

单元四 银行柜面"对公、对私"业务处理

任务五 代理贵金属业务

【知识探微】

一、我国黄金市场发展现状

黄金市场是金融市场的重要组成部分。我国黄金市场发展经历了"严格管制—统一管理—逐步市场化—完全市场化"的过程。

二、上海黄金交易所简介

上海黄金交易所是经国务院批准,由中国人民银行组建,履行上海黄金交易所《黄金交易所管理办法》规定职能,遵循公开、公平、公正和诚实信用的原则组织黄金交易,不以营利为目的,实行自律性管理的法人。交易所于2002年10月30日正式开业。

交易所实行会员制组织形式,会员由在中华人民共和国境内注册登记,从事黄金业务的金融机构,从事黄金、白银、铂等贵金属及其制品的生产、冶炼、加工、批发、进出口贸易的企业法人,并具有良好资信的单位组成。现有会员162家,分散在全国26个省、直辖市、自治区。

三、黄金交易原则

标准黄金、铂金交易通过交易所的集中竞价方式进行,实行价格优先、时间优先撮合成交。非标准品种通过询价等方式进行,实行自主报价、协商成交。会员可自行选择通过现场或远程方式进行交易。

交易所主要实行标准化撮合交易方式。交易时间为每周一至五(节假日除外)9:00—11:30,13:30—15:30,19:50—2:30。交易所的商品有黄金、白银和铂金。黄金有Au99.95、Au99.99、Au50 g、Au100 g四个现货实盘交易品种,以及Au(T+5)与Au(T+D)两个延期交易品种和Au(T+N1)、Au(T+N2)两个中远期交易品种;白银有Ag99.9、Ag99.99现货实盘交易品种和Ag(T+D)现货保证金交易品种;铂金有Pt99.95现货实盘交易品种;中国银行、中国农业银行、中国工商银行、中国建设银行、深圳发展银行、兴业银行和华夏银行等作为交易所指定的清算银行,实行集中、直接、净额的资金清算原则。交易所实物交割实行"一户一码制"的交割原则,在全国37个城市设立55家指定仓库,金锭和金条由交易所统一调运配送。

小贴士

1. 上海黄金交易所开户要求及流程

（1）开户要求：凡属国内热衷或需求黄金、铂金和白银实物与投资投机的机构及人员均可按上海黄金交易所的开户要求由会员协助办理开户手续。

（2）应提供的资料，证书的复印件各两份（加盖单位公章）：①营业执照；②组织机构代码证；③税务登记证国税、地税；④一般纳税人证明（一般纳税人企业需要提供，不是均不需要提供）；⑤法人代表身份证；⑥指令委托人身份证。

（3）正确填写《客户须知》《黄金现货委托代理交易协议书》和《上海黄金交易所开户登记表》，并签字盖章。

（4）由会员报上海黄金交易所审批备案。

（5）把开户保证金1万元打入上海黄金交易所代理账户。

（6）由上海黄金交易所生成客户交易代码，开户完成。

2. 开户保证金和交易保证金的划入

上海黄金交易所对客户资金实行封闭式管理，对资金的划转有着严格控制。

（1）资金存入及账面划转打入公司在上海黄金交易所清算行的代理专管账户。

（2）客户向上海黄金交易所划入资金后，应及时通知公司财务部划入金额的详细情况并将银行回单传真给公司财务部。

（3）公司财务部在收到资金并核准无误后，在开盘时间20分钟内确保资金及时划转上海黄金交易所清算部账户，并通知客户入金完成。

（4）客户即可通过网上客户交易系统自助查询入金情况。

活动一 办理个人实物贵金属业务

【场景设定1】

201×年4月20日，客户解扬（身份证件号码为：421301198302140532；通信地址：CY市中山路57号；联系电话：11225599；邮政编码：345000）到模拟银行CY市分行莲湖支行个人业务柜台购买20克黄金，柜员李阳（柜员号：203006）接待了客户，并圆满完成了业务。

步骤1：客户选定实物产品

客户通过黄金产品展示柜或产品宣传手册选定黄金产品。

步骤2：柜员办理

银行柜员查询销售价格，填写贵金属销售清单（图4-16），提交业务系统处理。

贵金属销售清单

客户姓名:　　　　　　　　　　　电　　话:
销售网点:　　　　　　　　　　　销售电话:

商品名称	规格	购买数量	销售单价	合计金额
合计				

经办:　　　　　　　　　　　复核:

图 4-16　贵金属销售清单

步骤 3：款项结算

客户用现金或银行卡与银行办理款项结算。

步骤 4：交付实物黄金及发票

柜员登记黄金产品信息并将黄金产品和发票交付客户。

撷贝

（1）实物黄金买卖包括金条、金币和金饰等交易，以持有黄金作为投资。一般的饰金买入及卖出价的差额较大，视作投资并不适宜，金条及金币由于不涉及其他成本，是实金投资的最佳选择。

（2）金币有两种，即纯金币和纪念性金币。纯金币的价值基本与黄金含量一致，价格也基本随国际金价波动，具有美观、鉴赏、流通变现能力强和保值功能。纪念性金币具有纪念意义，主要为满足集币爱好者收藏，投资增值功能不大。

（3）黄金现货市场上实物黄金的主要形式是金条和金块，也有金币、金质奖章和首饰等。黄金现货投资有两个缺陷：须支付储藏和安全费用，持有黄金无利息收入。

小贴士

- 实物金既可以像纸黄金那样买卖交易，也可以买了以后申请提取实物金。
- 计量黄金重量的主要计量单位有盎司①、克、千克、吨等。国际上一般通用的黄金计量单位为盎司，世界黄金价格都是以盎司为计价单位。目前，中国国内一般习惯于用克来做黄金计量单位。

【场景设定 2】

客户解扬看着近期国际金价大幅上升，就琢磨着将手中的黄金变现，201× 年 11 月 25 日，解扬到模拟银行 CY 市分行莲湖支行个人业务柜台将 3 年内合计购买的 1 000 克黄金变现。柜员李阳（柜员号：203006）接待了客户，并为其办理了贵金属回购业务。

---

① 1 盎司≈28.35 克。

步骤 1：客户申请

客户携带身份证、原始购买凭证、银行卡、鉴定证书及包装、防伪标志等完好的黄金产品到银行柜台，填写黄金购回凭证，同时将实物黄金及有关资料提交银行柜员。

步骤 2：柜员审核、鉴定

银行柜员审核客户提交的所有相关资料并进行黄金产品购回鉴定，对符合购回标准的黄金产品予以收取并进行登记。

步骤 3：柜员办理

银行柜员查询购回价格并提交业务系统处理。

步骤 4：款项结算

银行柜员与客户办理款项结算。

贵金属回购

（1）各大银行回购条件有很大不同，但是有一个共同点，只回购自己银行的金条，不回购金币等纪念性黄金。有的银行回购存管在本行的黄金，如果投资者取出金条拿走，则无法回购。

（2）金条在回购过程中存在一定手续费，各个机构手续费也有很大差异，回购时间不同价格不同，回购产品品种不同价格不同，通常回购价按照上海黄金交易所的实时黄金价格下浮一定金额，各行销售的黄金产品回购手续费为 4～15 元/克不等。

- 交通银行于 2013 年 4 月 11 日率先实现黄金跨行回购。可回购成色在 99.9% 以上的金首饰、金摆件、金条。

活动二　办理个人账户贵金属业务

个人账户贵金属交易业务，是指银行依托本行业务处理系统，为客户提供的一种以人民币计价的以账户贵金属为标的的交易产品。客户在银行开立贵金属账户后，可按照银行提供的买卖双边报价，在规定的交易时间内对账户中的贵金属份额进行买卖。

个人账户贵金属交易业务包含账户黄金、账户白银、账户铂金等产品。一般最小交易单位均为 1 克，最小递增单位均为 0.1 克。

【场景设定】

201×年6月19日，客户解扬到模拟银行 CY 市分行进行个人账户贵金属买卖业务，柜员李阳（柜员号：203006）受理了该项业务。

步骤1：客户申请

客户持有身份证件到银行各分行下属支行、营业网点申请开办账户贵金属买卖业务，银行柜员提供给客户协议、风险提示书、影像资料等。

个人账户贵金属交易

（1）客户的账户贵金属份额仅在账户中记录，不提取实物，且不同类别账户贵金属份额不得串用。客户可以通过银行网点、网上银行、手机银行和电话银行办理。

（2）银行个人账户贵金属交易时间紧随国际贵金属市场交易时间，交易方式有实时和委托交易，客户可直接按银行的买卖报价实时成交，或指定价格进行委托挂单。委托挂单分为获利买入挂单、获利卖出挂单和止损卖出挂单。

步骤2：开通账户

客户根据个人需要开通网上银行、电话银行、手机银行、银行指定网点投资业务。首次购买账户贵金属需开通证券交易账户和账户贵金属账户。

步骤3：存入交易资金

客户存入足额资金。

步骤4：实盘买卖

客户通过各网上银行、电话银行、手机银行、网点柜台、自助银行终端等交易方式，以银行为交易对手买入或卖出账户金、银。最小交易单位均为1克，最小递增单位为0.1克。

小贴士

（1）个人账户贵金属业务需客户开通电子银行业务，尤其是网上银行个人业务。

（2）当天可多次进行交易，卖出贵金属后资金金额到账。

项目十二

银行卡柜面业务

任务目标

1. 了解银行卡业务的概念、功能、特征及种类。
2. 掌握银行卡业务的基本业务规定以及操作流程。
3. 树立岗位意识。

任务一　银行卡基本知识

银行卡是指由商业银行（或者发卡机构）经中国人民银行批准后向社会发行的具有消费信用、转账结算、汇兑转账、存取储蓄、循环信贷、存取现金等全部或部分功能的信用支付工具。

银行卡的分类

银行卡的分类见表4-2。

表4-2　银行卡的分类

分类标准	银行卡种类
清偿方式	信用卡、借记卡
结算币种	人民币卡、外币卡、双（多）币卡
发行对象	单位卡（商务卡）、个人卡
信息载体	磁条卡、芯片卡（智能卡、IC卡）
资信等级	白金卡、金卡、普通卡等不同等级
流通范围	国际卡、地区卡
持卡人地位和责任	主卡、附属卡

1. 按照银行卡是否具有透支功能，可将其分为：借记卡和信用卡

（1）借记卡。是指先存款后消费（或取现），没有透支功能的银行卡。

（2）信用卡。是指持卡人可以在发卡银行给予的信用额度内透支的银行卡。

借记卡也可分为转账卡、专用卡和储值卡（预付卡）三种。

①转账卡，是指实时扣账的借记卡。具有转账结算、存取现金和消费功能。

②专用卡，是指具有专门用途（是指百货、餐饮、娱乐行业以外的用途）、在特定区域使用的借记卡。具有转账结算、存取现金功能。

③储值卡（预付卡），是指发卡银行根据持卡人要求将其资金转至卡内储存，交易时直接从卡内扣款的预付钱包式借记卡。

小贴士

1. 借记卡的使用

（1）借记卡必须通过银行柜台、自助设备 ATM 机、商户 POS 机、网上银行等渠道交易，交易时需要输入交易密码。

（2）在商户 POS 机消费时，不需要支付商品或服务价格以外的任何费用。

2. 借记卡交易收费规则

借记卡交易收费规则见表4-3。

表4-3　借记卡交易收费规则

类型	发卡行	跨行
本地交易	免费	收费
异地交易	收费	收费

3. 借记卡的功能

综合账户、通存通兑、商户消费、代收代付和理财服务功能。

4. 信用卡按是否交存备用金，分为贷记卡和准贷记卡两种

（1）贷记卡，是指发卡银行给予持卡人一定的信用额度，持卡人可在信用额度内先消费、后还款的信用卡。"先购买，后结算交钱"，发卡行给每个信用卡账户设定一个"授信限额"。

（2）准贷记卡，是指持卡人须先按发卡银行要求交存一定金额的备用金，当备用金账户余额不足以支付时，可在发卡银行规定的信用额度内透支的银行卡。

准贷记卡

兼具贷记卡和借记卡的部分功能，一般需要交纳保证金或提供担保人，使用时先存款后消费，存款计付利息，在购物消费时可以在发卡银行核定的额度内进行小额透支，但透支金额自透支之日起计息，欠款必须一次还清，无免息还款期和最低还款额。

（3）银行卡附属产品：联名／认同卡。

①联名卡，是指发卡银行与以营利为目的的机构联手发行的银行卡附属产品。联名卡通常集理财与投资于一身，例如公积金联名卡不仅可以查询公积金账户信息、当作公积金缴存凭证，还可以用于储蓄存款、取款。

②认同卡，是指发卡行与以非营利为目的的机构合作发行的银行卡附属产品。

2. 按信息载体不同，分为磁条卡和芯片卡

（1）磁条卡：是在信用卡的背面安装一个带有持卡人有关信息的供 ATM 和 POS 终端识别与阅读的磁条。

（2）芯片卡：也叫"智能卡"，是在信用卡上安装一个拇指大小的微型计算机芯片，这个芯片包含了持卡人的各种信息。

3. 借记卡、准贷记卡、贷记卡（信用卡）的主要区别

借记卡、准贷记卡、贷记卡（信用卡）的主要区别见表 4-4。

表 4-4 借记卡、准贷记卡、贷记卡（信用卡）的主要区别

	借记卡	准贷记卡	贷记卡（信用卡）
申办条件	不进行资信审查，使用前需存款	视各发卡银行规定，需进行必要的资信审查，对符合审查、符合申请条件的方予发卡；根据各行不同规定，可免担保人、免保证金等	视各发卡银行规定，需进行必要的资信审查，对符合申请条件的方予发卡及核定信用额度；根据各行不同规定，可免担保人、免保证金等
用款方式	存多少，用多少，不能透支	先存款，后消费，可以透支	先消费，后还款
免息还款期	无	无	20～60天（视各章程规定而定）
信用额度	无	有	有
预借现金	无	有	有
循环信用	无	无	有
消费方法	凭密码	凭密码或签名	凭密码或签名
存款利息	有	有	无

【知识探微】

"银联"标志卡

"银联"标志卡，是经中国人民银行批准，由国内各发卡金融机构发行，采用统一业务规范和技术标准，可以跨行跨地区使用的带有"银联"标志（图4-17）的银行卡。

图 4-17 "银联"标志

1. 标志介绍

有三种颜色：红色、蓝色和绿色，红色象征合作、诚信；蓝色象征畅通、高效；绿色象征安全。

三种不同颜色的紧密排列象征着银行卡的联合。

2．主要特征

（1）银行卡正面右下角印刷了统一的"银联"标志图案。

（2）卡片背面使用了统一的签名条。

3．收费方式

（1）ATM 取款交易：持卡人在申领"银联"标志卡所在城市跨行 ATM 上取款，是否缴纳手续费，由各发卡机构规定，但最高不得高于 2 元人民币。

（2）POS 交易：持卡人在全国所有带有"银联"标志的 POS 上消费使用，均不收取手续费。

> **小贴士**
>
> • 各个银行机构所发出的银行卡卡号都是不同的，由 13～19 位数字表示，其中 16 位卡号（形式）最多。卡号主要由标识发卡机构的代码 BIN 号、发行行自定义位、CVN 校验码三部分组成。银行卡见图 4-18 和图 4-19。
>
>
>
> 图 4-18　银行卡正面
>
>
>
> 图 4-19　银行卡背面

公务卡

（1）公务卡是指我行向具有独立法人资格的国家机关、事业单位及其员工发行的，供单位及员工日常公务支出等使用的贷记卡。持卡人可在中国境内和境外（含港澳台地区）使用，以人民币或指定外币分别结算，并可在本行核定的信用额度内先用款后还款。

（2）公务卡分类：标准公务卡和个人公务卡。标准公务卡可用于一般刷卡消费，不得在境外提取人民币现金和外币现钞，不允许分期付款交易；个人公务卡可用于一般刷卡消费以及在境内外提取人民币现金和外币现钞，允许分期付款交易。

（3）公务卡免息还款期最长为50天，最短为20天，持卡人在到期还款日前偿还全部应还款即可享受免息还款期待遇，但应还款中所包括的现金贷款不享有免息期。公务卡账户内的溢缴款不计付利息。

（4）个人公务卡发生预借现金交易，持卡人应按照交易金额的1%、最低5元缴纳手续费，同时对取现部分计收利息。

（5）公务卡的额度：普通卡不超过（含）2万元、银卡不超过（含）3万元、金卡不超过（含）4万元、白金卡不超过（含）5万元。

任务二　信用卡基本知识

【知识探微】

1. 信用卡的功能

支付结算、汇兑转账、特惠商户、个人信用、循环授信及其他功能。

2. 信用额度

信用额度是指信用卡最高可以使用的金额。信用额度是依据申请人申请信用卡时所填写的资料和提供的相关证明文件综合评定的。主卡和附属卡共享同一额度。比如，主卡的信用额度为10 000元，附属卡的信用额度也为10 000元，如果主卡持卡人已经使用了5 000元额度，则附属卡最多只能使用剩余的5 000元额度。此外，主卡持卡人可以为附属卡持卡人指定信用额度，例如，主卡持卡人可以为自己的孩子办理信用额度为主卡持卡人信用额度10%的附属卡。

3. 可用额度

可用额度是指截至某个时间点持卡人可以凭卡交易的最高金额，包括持卡人持有的信用卡还没有被使用的信用额度以及持卡人还款时多缴的部分。

可用额度＝信用额度＋上周期还款多缴部分（贷方余额）－本期发生的未偿还已列账单交易金额－本期发生的未列入账单的交易金额。

4. 溢缴款

信用卡客户还款时多缴的资金或存放在信用卡账户内的资金，取出溢缴款需支付一定金额的费用。该笔款项可增加信用卡的可用额度，或直接用于消费还款。如果信用卡内有溢缴款，则先扣溢缴款，再扣信用额度，溢缴款大于消费金额，则不会形成透支。例如，本期需还款900元，实际还款1 000元，多出的100元就是溢缴款。

5．账单日

发卡银行每月会定期对信用卡账户当期发生的各项交易、费用等进行汇总结算，并结计利息，计算当期总欠款金额和最小还款额，并邮寄对账单。此日期即为信用卡的账单日。

6．到期还款日

持卡人应全额偿还全部款项或最低还款金额的最后日期。

7．免息还款期

对于一笔非现金交易，从交易记账日至发卡银行规定的到期还款日之间为免息还款期。

> **小贴士**
>
> **1. 账单日和还款日简介**
>
> 客户的建行信用卡账单日是每月 5 日，账单日后第 20 天为到期还款日。
>
> 10 月 6 日，客户刷卡消费，账单日和还款日是哪天？
>
> 10 月 26 日，客户刷卡消费，账单日和还款日是哪天？
>
> **2. 还款金额计算方式**
>
> 假设信用卡账单日是每月 8 日，账单日后第 20 天为到期还款日。
>
> 8 月 24 日支付宾馆住宿费 680 元；
>
> 9 月 1 日购物消费 560 元；
>
> 9 月 8 日外出就餐消费 273 元；
>
> 9 月 18 日购物消费 1 012 元；
>
> 9 月 25 日支付网上购物费 353 元。
>
> 请问：9 月还款日应该还款的金额是多少？

8．全额还款

全额还款是指在到期还款日前，还清对账单上列示的全部结欠金额。选择全额还款的，非现金交易款项可享受 20 ～ 50 天的免息待遇。

9．最低还款额

最低还款额是指持卡人应该偿还的最低金额。最低还款额＝信用额度内消费金额×10％＋预借现金交易金额×100％＋前期最低还款额未还部分×100％＋超过信用额度消费金额×100％＋所有费用和利息×100％。如持卡人选择最低还款额还款，持卡人将继续享用循环信用，但将不再享受免息还款待遇。

10．利息计算

（1）消费类交易。

全额还款，免息。未全额还款，全部结欠金额将按日息万分之五的利率计收利息，并按月计收复利，利息由交易记账之日起以实际欠款金额计算，至还清全部欠款为止。

（2）现金类交易。

不享受免息还款期待遇，按日息万分之五收取从记账日起至还款日止的利息。

计算举例

钟先生的账单日为每月10日，到期还款日为每月30日。

钟先生收到的6月10日的账单包括他从5月10日至6月10日之前的所有交易。5月钟先生进行了一笔交易：5月25日消费1 000元。钟先生6月10日的账单中显示账户总结欠款1 000元，最低还款额100元。

如果钟先生在6月30日之前偿还了1 000元，则7月10日的对账单中显示循环信用余额的利息为0；

如果钟先生仅还了100元，则7月10日对账单中会显示利息22.95元。

循环利息=1 000元×0.05%×36天（5月25日至6月30日）+（1 000 -100）×0.05%×11天（6月30日至7月10日）=22.95（元）。

11．滞纳金

如果客户没有在到期还款日之前缴清最低还款额，将收取滞纳金。

$$滞纳金 =（最低还款额 - 已还款金额）\times 5\%$$

综合练习题

小李的信用卡的账单日是每月8日，其消费情况如下：

4月1日消费1 000元，4月10日消费2 000元，5月9日消费5 000元。

（1）计算4月全额还款数额和最低还款数额。

（2）假设4月还款日实际还款200元，请计算截至5月10日，小李应该承担的各种费用。

任务三　银行卡申请与发放

活动一　办理借记卡申领业务

【场景设定】

201×年9月16日，赵先生到模拟银行CY市分行申请办理一张借记卡，柜员李阳（柜员号：203006）接待了客户，并受理了客户的申请。

步骤1：客户申请

客户需填写模拟银行借记卡申请表（图4-20），连同有效身份证件（单位借记卡提供开户许可证），一并交给柜员。

模拟银行借记卡申请表

年　月　日

客户填写	姓名		证件类型		证件号码		性别	
	工作单位				电话		邮编	
	居住地址							
	申请类型	□带折借记卡 □无折借记卡 □附卡（主卡卡号_____）						
	此栏为已在我行开户的客户填写	客户号			一本通账号			
	此栏为申请附卡时填写	主卡持有人		证件类型		证件号码		
	本人已阅读并自愿遵守《模拟银行借记卡章程》的有关规定，并保证申请表上资料真实、有效、无误。 客户签名_____							
银行确认	开户单位签章：　　　　　　　经办人：　　　　　　　年　月　日							
银行提示								

［印制要求：一式两联（无碳复写），第二联背面印借记卡章程全文］

图4-20　模拟银行借记卡申请表

步骤2：柜员审核

柜员审核客户是否有公安部门签发的本人有效身份证件，身份证件必须符合实名制要求，如果提供的是中国公民身份证件，应通过联网核查系统核查身份证件是否真实有效。柜员核对客户的申请表和有效身份证件，主要根据身份证件审核申请表上的姓名、地址、电话等是否填制正确、有无涂改，是否在签名处亲笔签名等。

小贴士

客户须具备的申请条件

（1）个人借记卡申请条件：凡具有民事行为能力的境内居民、常住国内的外国人以及常住内地的港澳台同胞，凭本人有效身份证件（居民身份证、军人证、外籍人士凭护照），均可向银行申请个人借记卡。个人借记卡可申领若干张，由此产生的债权债务关系全部由申领人承担。无民事行为能力的个人申领借记卡，须有其监护人书面同意。申请借记卡不需要提供担保人。

（2）单位借记卡申请条件：凡在中国境内金融机构开立基本存款账户的单位，应当凭中国人民银行核发的开户许可证、单位营业执照正本、单位法定代表人（或单位负责人）身份证件、持卡人身份证件等申领单位借记卡。单位借记卡持卡人由申领单位法定代表人或其委托代理人书面指定、更换和注销。单位借记卡允许有多个持卡人。其中，持卡人是指向发卡机构申请银行卡并获得卡片核发的个人，包括主卡持卡人和附属卡持卡人；或指由法人或其他组织向发卡机构申请并获得核发卡片，由法定代表人或其他组织负责人授权持有该卡片的人员。

（3）无论是个人借记卡还是单位借记卡，银行卡及其账户只限经发卡银行批准的持卡人本人使用，不得出租和转借。

步骤3：柜员办理

柜员审核无误后，系统操作，收取工本费。客户输入预设的六位数密码，交易成功后，柜员选择打印银行卡存款凭证，该存款即开户金额。客户在银行卡存款凭证上签名。柜员在银行卡存款凭证上加盖业务公章和个人名章。即时为客户办理发卡手续。

步骤4：送别客户

将身份证件、借记卡、存款凭条回单联和收费回单联等一并交给客户，提示客户在借记卡背面的签名栏签名。柜员在借记卡申请表上记录借记卡卡号，加盖业务公章和柜员名章，并将身份证复印件（含联网核查结果打印件）作为申请表附件，放入专夹保管。

活动二　办理信用卡申领业务

【场景设定】

201×年6月29日，王女士到模拟银行CY市分行办理信用卡申请业务，柜员李阳（柜员号：203006）接待了客户，并圆满完成了业务。

步骤1：客户申请

客户提交申请表及相关资料。

步骤2：柜员审核

柜员审核客户的申请条件，看申请人是否符合发卡的基本条件。核对客户的申请表和相关资料，审核申请表上的姓名、地址、电话等是否填制正确、有无涂改，是否在签名处亲笔签名等，提供的资料是否完整，验证复印件与原件是否一致，无误后由柜员在复印件上注明"与原件相符"字样并签名确认；核对证件的有效期等。柜员审核无误后，将身份证等原件交还客户。

> **小贴士**
>
> **客户须提供的书面申请材料**
>
> 申请人首次申请信用卡时，应按发卡机构的规定，正确、完整、真实地填写申请表和提交发卡机构要求的相关证明文件。未通过的申请资料一般不予退回。
>
> 1. 信用卡申请表
>
> 信用卡申请表内容一般包括申请人的个人资料、职业资料、联系人资料、附属卡申请人资料（若要申请附属卡需要填写）、对账单（指发卡机构定期寄给持卡人，对持卡人累计未还消费交易本金、取现交易本金、费用等，进行汇总、结计利息、计算出持卡人应还款的凭单）及领卡信息、申请人申明和签名等。
>
> 填写时要注意，申请人证件号码是重要信息，要仔细填写；申请人和联系人单位地址、住宅地址需准确到门牌号码；联系电话务必真实有效；一定要记得签名。附属卡申请人只需要提供身份证件并在申请表上附属卡申请人签名处签名即可。
>
> 2. 主卡、附属卡申请人有效身份证件复印件（必要件）
>
> 身份证件包括居民身份证、军官证、港澳居民来往内地通行证、港澳同胞回乡证、台湾同胞来往大陆通行证、护照等。
>
> 3. 固定居住地址证明（可选择下列各项中的任一项）
>
> 固定居住证明包括户口卡（簿）复印件，水、电、煤最近三期缴费单，固定电话最近三期缴费单，房屋租赁合同（协议），自有房产证明，能证明其有固定居住地址的其他证明材料。
>
> 4. 工作证明文件
>
> 包括工作证复印件、工作单位开具的工作证明原件、名片、职称复印件、专业资格证书复印件等。
>
> 5. 财力证明文件（可选择下列各项中的任一项）
>
> 包括单位开具的收入证明，所得税和扣缴凭证，自有房产证明，银行定期、活期存款单或存折等资料的复印件。
>
> 另外，可能还要求提供学历证明、专业资格证明等。
>
> 6. 担保所需要提供的资料
>
> 根据《银行卡业务管理办法》规定，发卡银行应当认真审查信用卡申请人的资信状况，根据申请人的资信状况确定有效担保及担保方式。信用卡担保是指信用卡申请人在申办信用卡时，发卡行根据对其资信状况的调查评估，认为需要提供担保后方能发卡，以便在申请人自身无力偿还债务时，发卡行可以通过担保来追偿或处理保证金抵押、质押物等以偿还欠款。担保形式一般有保证（保证人、保证金）担保、质押担保、抵押担保。
>
> （1）保证（保证人、保证金）担保。保证人是指符合《中华人民共和国担保法》规定的具有法人资格的企业或具有完全民事行为能力的自然人。如果两个人都想申请银行卡，双方不能互相担保。持卡人透支之后，保证人对该债务承担连带偿还责任。保证人担保应提交加盖单位公章和法人代表章的担保单位营业执照或法人资格证明复印件，或加盖保证人章的保证人身份证复印件。

— 保证金担保，由发卡银行根据申请人的资信情况确定保证金金额。申请人须把保证金以定期存款的方式存放在发卡银行，存期应与信用卡有效期一致，一般不得提前支取。有效期届满，如果持卡人继续用卡，保证金相应延期或办理转存手续。

（2）质押担保。申请人可以用经过公证的有价证券（主要是银行签发的定期储蓄存单）作质押。申请人和银行必须签订书面质押合同。

（3）抵押担保。申请人可以用易确定价值、易变现、易保管且不易损坏的个人财产作抵押。申请人须将经过公证的抵押品单据交银行保管，并和银行签订书面抵押合同。

另外，发卡银行应当对信用卡持卡人的资信状况进行定期复查，并应当根据资信状况的变化调整其信用额度。

有些银行还为客户提供了申请进度查询的服务，客户可以致电24小时客户服务热线或使用网站中的申请进度查询功能查询其申请进度。

步骤3：操作终端

使用"信用卡主卡申请"交易进行处理，柜员操作终端，输入交易代码后，进入"信用卡申请资料增加"交易，根据界面提示输入客户资料。

步骤4：送别客户

柜员打印出信用卡申办卡回执，在上面加盖业务公章后交给客户。

步骤5：复审

柜员将申请表及相关资料再交由信用卡部专职人员复审。复审无误后将材料寄送上级有权发卡机构。

步骤6：资信审查

有权发卡机构信用卡部人员收到客户申请材料后，对客户进行资信审查。主要是调查申办人所填报的财产、收入及信用状况等资料是否真实可靠。一般可采用的方法有电话核实（通过电话向申请人、担保人的单位和其本人核实有关情况）、公函调查（用公函发往申请人、担保人所在单位的人事或劳资部门核实情况）、当面核实（当面向申请人和担保人所在工作单位或有关部门确认其合法性）、利用网络进行核查（如与公安部门配合，对申领人的身份证件进行核查）等。

步骤7：资信评估

对资信审查核实无误后，有权发卡机构信用卡部人员可对客户进行资信评估，对申请人的信用、经济状况进行综合分析和评估，并以此作为能否发卡或何种等级银行卡的依据。

步骤8：签署意见

最后，有权发卡机构签署意见，如是否同意发卡、核准的信用额度是多少等。

活动三　办理信用卡发卡

【场景设定】

201×年8月2日，客户王女士接到模拟银行CY市分行通知到银行领取新办的信用卡，柜员李阳（柜员号：203006）接待了客户，为客户办理了信用卡发卡业务。

步骤1：审核同意

客户申请信用卡后，并不能马上拿到信用卡。发卡机构在经过资信审查、评估后，若不同意发卡，应及时通知客户；若同意发卡，柜员进行下一步操作。

步骤2：批示打卡

信用卡部经办人员向发卡中心批示打卡通知。

步骤3：编制打卡清单

发卡中心接到通知后将客户申请表的资料输入系统，从而自动产生信用卡卡号。资料员编制打卡清单，其内容包括卡号、持卡人姓名及其汉语拼音、性别、有效期等。编制完毕后，经审核无误交制卡员制卡。

步骤4：制卡员制卡

制卡员到凭证保管员处领用空白卡片，然后按打卡清单内容制卡。制卡完成后，成品卡交发卡员登记签收。

步骤5：打印密码

制卡过程中主机随机产生信用卡密码，管理人员打印好专用的密码信封后，交密码发放人员签收。

步骤6：发卡员审查后发卡

发卡员收到制好的卡后，经审核无误，将卡装入填有申请人姓名的"专用封"，在封口处加盖名章和日期，然后寄送信用卡。

步骤7：客户开卡

客户收到卡后开卡。

步骤8：开卡后寄送密码函

客户开卡后，密码发放人员向客户寄送密码函。

步骤9：客户领取密码函

活动四　办理客户信用卡开卡

【场景设定】

201×年8月2日，客户王女士收到模拟银行CY市分行寄来的信用卡后，到银行办理开卡手续，柜员李阳（柜员号：203006）接待了客户，为客户办理了信用卡开卡业务。

步骤 1：客户申请

客户持卡片、密码函件和有效身份证件到申领地发卡机构（或能办理此业务的营业网点）办理开卡。

步骤 2：柜员审核

柜员审核客户身份证件是否有效。

> **没有开卡的信用卡如果不使用需要销卡吗？**
>
> 目前，国内银行对未开卡的信用卡同样扣除年费。如果客户未能及时还款，会成为个人信用的污点，影响今后个人信用。

步骤 3：柜员办理

柜员操作终端，输入"卡片启用"交易代码，通过刷磁或输入卡号后，按发送键；然后按系统回显信息完成操作，并由客户输入密码；柜员打印收费凭证；客户交工本费；柜员在收费凭证上加盖现金收讫章。

步骤 4：送别客户

将信用卡与身份证件交还客户，同时告知其信用额度。业务完成。

根据《支付结算管理办法》的规定，信用卡的持卡人在信用卡账户内资金不足以支付款项时，可以在规定的限额内透支，并在规定期限内将透支款项偿还给发卡银行。同时还规定，信用卡透支额，金卡最高不得超过 10 000 元，普通卡最高不得超过 5 000 元。信用卡透支期限最长为 60 天。关于信用卡透支的利息，依《支付结算管理办法》的规定，自签单日或银行记账日起 15 日内按日息 0.05% 计算。超过 15 日按日息 0.1% 计算。超过 30 日或透支金额超过规定限额的，按日息 0.15% 计算，透支利息不分段，按最后期限或最高透支额的最高利率档次计算。

项目十三

结算业务

任务目标

1. 掌握汇兑业务有关业务规定及基本业务操作。
2. 掌握委托收款业务有关业务规定及基本业务操作。
3. 掌握银行本票业务有关业务规定及基本业务操作。
4. 掌握银行汇票业务有关业务规定及基本业务操作。

任务一 处理汇兑业务

汇兑是汇款人委托银行将其款项支付给收款人的结算方式。汇兑结算广泛应用于各种款项的结算。汇兑因汇款方式的不同可以分为信汇和电汇两种,由汇款人选择使用,目前大多采用电汇方式。

一、汇兑业务流程

汇兑业务流程见图4-21。

图4-21 汇兑结算业务流程

二、汇兑业务相关规定

汇兑结算种类及相关规定见表4-5。

表 4-5　汇兑结算种类及相关规定

种类	电汇	汇款人委托银行用电报汇款方式将款项支付给收款人 电汇速度快、费用较高
	信汇	汇款人委托银行用普通邮政的汇款方式将款项支付给收款人 电汇速度较慢、费用较低（注：目前已基本上取消信汇业务）
金额限制		没有结算起点金额限制
适用范围		单位与单位，单位与个人，个人与个人之间的同城、异地款项的汇划（单位需办理汇兑业务，必须先在银行开立结算账户） 可以用于转账、收付款均为个人的，也可以支取现金
签发汇兑凭证		汇兑凭证上欠缺记载事项之一的，银行不予受理 表明"信汇"或"电汇"的字样 无条件支付的委托 确定的金额 收款人名称（其在银行开立存款账户的，必须记载其账号） 汇款人名称（其在银行开立存款账户的，必须记载其账号） 汇入地点、汇入行名称；汇出地点、汇出行名称 委托日期（是指汇款人向汇出银行提交汇兑凭证的当日） 汇款人签章 汇款人和收款人均为个人的，需要在汇入银行支取现金的，应在信、电汇凭证的汇款金额大写栏，先填写"现金"字样，后填写汇款金额
汇款回单		汇款人办理汇款业务后，及时向银行索取汇款回单 汇款回单只能作为汇出行受理汇款的依据，不能作为该笔汇款已转入收款人账户的证明
转汇		应由原收款人向银行填制信、电汇凭证上加盖"转汇"戳记，并由本人交验其身份证件 转汇的汇款人必须是原收款人
申请撤销		汇款人对汇出银行尚未汇出的款项可以申请撤销，申请撤销时，应出具正式函件或本人身份证件及原信、电汇回单

三、汇兑业务收费

汇兑业务收费标准见表 4-6。

表 4-6　汇总业务收费标准表

项目	说明	收费标准		文件依据	备注
汇总业务	在本行开户的单位和个人	1 万元（含）以下	5 元/笔	《国家纪委、中国人民银行关于制定电子汇划收费标准的通知》（计价格〔2001〕791号）、国家纪委、中国人民银行《关于进一步规范银行结算业务收费的通知》（计价费〔1996〕184号）	统一执行政府指导价格
		1 万元至 10 万元（含）	10 元/笔		
		10 万元至 50 万元（含）	15 元/笔		
		50 万元至 100 万元（含）	20 元/笔		
		100 万元以上	每笔按万分之 0.2 收取，最高不超过 200 元		
		财政金库、救灾、抚恤金等	免收		
		职工工资、退休金、养老金等	2 元/笔		
	未在本行开立结算账户的个人汇款	5 000 元（不含）以下的	按汇款金额的 1% 收取（不足 1 元的收取 1 元）		
		5 000 元（含）以上的	均按 50 元/笔收取		
	加急	2 小时以内到账的在普通收费的标准上加收 30%			

活动一　汇出行受理汇兑业务

【场景设定】

201×年10月9日，在模拟银行CY市分行开户的恒生电子有限公司来行申请以电汇方式汇款60 000元，收款人为在模拟银行CY市分行开户的蓝光科技有限公司，该款为技术服务费。柜员李阳（柜员号：203006）接待了客户，并完成了相关业务。

步骤1：客户申请

汇款人委托银行办理汇兑，应向汇出银行提交信、电汇凭证，详细填明收款人名称、账号、汇入地点、汇入银行名称、汇款金额、汇款用途等各项内容，并在信、电汇凭证第二联上加盖预留银行印鉴。汇款人需要在汇入银行领取款项的，应在凭证上"附加信息及用途"栏注明"留行待取"字样。

步骤2：柜员审核

审核汇款人账户内是否有足够支付的余额；电汇凭证必须记载的各项内容是否齐全、正确，凭证审核要点见图4-22。

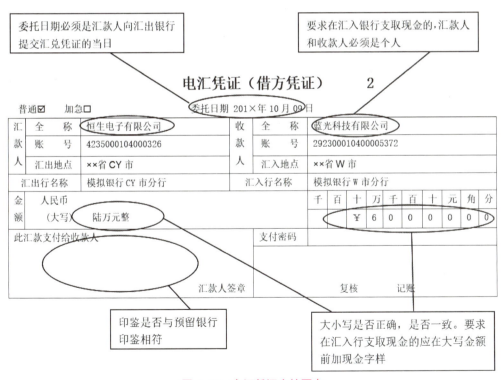

图4-22　电汇凭证审核要点

步骤3：柜员办理

操作柜员终端，进行"汇出汇款"交易操作。

步骤 4：签章

打印一式三联模拟银行业务收费凭证（图 4-23），然后在模拟银行业务收费凭证、电汇凭证上加盖转讫章、柜员名章。

模拟银行业务收费凭证　　　　3

年　月　日第　号

付款人			账号	
工本费金额	手续费金额	邮电费	电子汇划费	合计金额

合计金额（人民币大写）

付款方式	转账
备注	

会计主管　　　　　　　　　　　复核（授权）　　　　　　　　　　　经办

图 4-23　业务收费凭证第三联（客户回单）

步骤 5：送别客户

将电汇凭证（借方凭借）第一联、业务收费凭证第三联（图 4-24）交客户，将电汇凭证（借方凭证）第二联（图 4-25）、第三联按类整理存放。

模拟银行业务收费凭证　　　　3

年　月　日第　号

付款人			账号	
工本费金额	手续费金额	邮电费	电子汇划费	合计金额

合计金额（人民币大写）

付款方式	转账
备注	

会计主管　　　　　　　　　　　复核（授权）　　　　　　　　　　　经办

图 4-24　模拟银行业务收费凭证第三联（客户回单）（一）

电汇凭证（借方凭证）　　2

普通☑　　加急□	委托日期 201×年 10 月 09 日		
汇款人	全称：恒生电子有限公司 账号或住址：4235000104000326 汇出地点：××省CY市 汇出行名称：模拟银行CY市分行	收款人	全称：蓝光科技有限公司 账号或住址：292300010400005372 汇入地点：××省W市 汇入行名称：模拟银行W市分行
金额	人民币（大写）：陆万元整		￥ 6 0 0 0 0 0 0
此汇款支付给收款人		支付密码	
	汇款人签章	复核　　　　　记账	

图 4-25　电汇凭证（借方凭证）第二联

活动二　汇入行办理收到汇兑款项业务

【场景设定】

201×年10月9日，模拟银行CY市分行收到系统内电子汇划一笔，收款人为本行开户单位蓝光科技有限公司，系"活动一"中模拟银行CY市分行开户单位恒生电子有限公司所汇电汇款。

步骤1：接收来账

柜员操作系统，进行"接收入账"操作（图4-26），选择"打印清单"，打印电子汇划划（收）款补充报单一式三联（图4-27），进行来账查询与核对操作。

步骤2：审核入账

进行"接收入账"交易，选择"入账"交易，系统自动入账。如果接收的汇划信息账号不全或不符，选择挂账后，向汇出行发出查询，待汇出行回复后作相应的转汇、入账或退汇账务处理。

图 4-26　"接收入账"操作界面

电子汇划划（收）款补充报单   3   No 0021

201×年 10 月 09 日

汇款人	全称	恒生电子有限公司	收款人	全称	蓝光科技有限公司
	账号	4235000104000326		账号	292300010400005372
	汇出地点	模拟银行 CY 市分行		开户银行	模拟银行 W 市分行

金额（大写）陆万元整	
用途	货款

备注：
汇划日期：201×年 10 月 09 日　　汇划流水号：00541
汇出行行号：50701　　　　　　　原凭证种类：电汇凭证
原凭证号码：0031
原凭证金额：60 000.00

图 4-27　电汇汇划划（收）款补充报单第三联（一）

 小贴士

——电子汇划划（收）款补充报单一式三联，第一联代转账借方凭证，第二联代转账贷方凭证，第三联作收款人回单。

步骤 3：签章

在一式三联电子汇划划（收）款补充报单上加盖转讫章、柜员名章。

步骤 4：通知客户

将电子汇划划（收）款补充报单第三联交收款人，并将盖章后的凭条按流水整理存放，结束该笔业务。

摘贝

留行待取

留行待取或个人现金汇款的处理：收款人持便条及身份证件来行办理取款，若"留行待取"的应向收款人问明情况，抽出专夹保管的电汇补充报单，认真审查收款人的相关信息是否一致，由收款人填写一式两联支款凭证，在支款凭证上填写身份证件的名称、号码及发证机关。如系凭签章取款的，收款人签章必须加盖印章并与汇款凭证上的预留签章相符。

【训练与评价】

201×年 9 月 24 日，模拟银行 CY 市分行收到系统内电子汇划一笔，系"活动一"练习中模拟银行 CY 市分行所汇托收款项，审核无误后办理入账。

要求：完成图 4-28 中的相关内容。

（自评：××××× 小组评：××××× 老师评：××××× 合计：_____×）

电子汇划划（收）款补充报单   3   No.0021

201× 年 10 月 09 日

汇款人	全 称		收款人	全 称	
	账 号			账 号	
	汇出地点			开户银行	
金额（大写）					
用途					
备注					

图 4-28 电汇汇划划（收）款补充报单第三联（二）

任务二 委托收款业务

委托收款，是收款人委托银行向付款人收取款项的结算方式。委托收款结算方式适用于清偿债务、收取公用事业费，办理委托收款业务必须具有可靠、有力的收款依据，或者双方事先约定。

一、委托收款结算业务流程

委托收款结算业务流程见图 4-29。

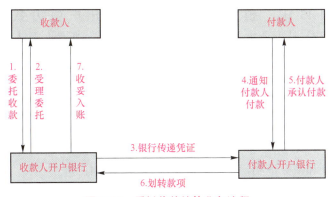

图 4-29 委托收款结算业务流程

二、委托收款结算业务相关规定

委托收款结算业务相关规定见表4-7。

表4-7 委托收款结算业务相关规定

种类	邮寄收款方式	汇款人委托银行用普通邮政的方式划回款项（由收款人选用）
	电划收款方式	汇款人委托银行用电报方式划回款项（由收款人选用）
金额限制	无起点金额限制	
适用范围	单位和个人凭已承兑商业汇票、债券、存单等付款人债务证明办理款项的结算，均可以使用委托收款结算方式 同城、异地均可以使用	
付款日期	银行承兑汇票的付款日期为汇票到期日，如果收到凭证日在到期日后，付款日期为收到凭证日 其他债务证明的付款日期为付款人接到通知日的次日起第4日，如果付款人接到通知的次日起第4日在债务证明到期日之前，则以债务证明到期日为付款日	
申办条件	收款人应提交委托收款凭证和有关的债务证明 在同城范围内，收款人收取公用事业费或根据国务院规定，可以使用同城特约委托收款。收取公用事业费，必须具有收付双方事先签订的经济合同，由付款人向开户银行授权，经开户银行同意后，根据中国人民银行当地分支行批准	
拒绝付款	付款人对收款人委托收取的款项需要拒绝付款的，可以办理拒绝付款 拒绝付款的，付款人应在收到委托收款及债务证明或在收到通知日的次日起3日内出具拒绝证明	

活动一　收款人开户行受理委托收款业务

【场景设定】

201×年2月13日，模拟银行CY市分行开户中力数码商城（账号：42350001040001652）持商业承兑汇票来行办理委托收款，汇票付款人为模拟银行CY市分行开户单位丽林商贸有限公司（账号：29230001040003361），汇票金额为278 000元。柜员李阳（柜员号：203006）接待了客户，并圆满完成了业务。

步骤1：客户申请

客户提交一式五联托收凭证（贷方凭证）（图4-30）、商业承兑汇票（见图4-31）。

步骤2：柜员审核

审核托收凭证和债务证明，审核时重点注意以下事项：

（1）委托收款以银行以外的单位为付款人的，凭证是否记载付款人开户行名称。以银行以外的单位或在银行开立存款账户的个人为收款人的，凭证是否记载收款人开户行名称。未在银行开立存款账户的个人为收款人的，凭证是否记载被委托银行名称，欠缺上述记载事项之一的，银行不予受理。

（2）委托收款凭证上记载的收款人与收款依据的债权人是否一致。

（3）凭证上记载付款人和付款人账号的，账号与户名是否相符。

（4）凭证的金额、委托日期、收款人名称是否更改。

托收凭证（贷方凭证）　　　　2

委托日期 201×年 2 月 13 日

业务类型		委托收款（□普通　□电划）		托收承付（□邮划　□电划）	
付款人	全　称		收款人	全　称	
	账　号			账　号	
	地　址	开户行		地　址	开户行
金额	人民币（大写）			千百十万千百十元角分	
				￥	
款项内容		托收凭据名称		附寄单证张数	
商品发运情况		合同名称号码			
备注：		上列款项随附有关债务证明，请予以办理			
收款人开户银行收到日期年　　月　　日			收款人签章	复核　　　　记账	

图 4-30　托收凭证（贷方凭证）第二联（一）

商业承兑汇票　　　　2

000000
000021

出票日期
　　　　贰零壹×年××月××日
　　　　（大写）

付款人	全　称	丽林商贸有限公司	收款人	全　称	中力数码商城
	账　号	29230001040003361		账　号	42350001040001652
	开户银行	模拟银行 CY 市分行		开户银行	模拟银行 CY 市分行
出票金额	人民币（大写）：贰拾柒万捌仟元整			千百十万千百十元角分 ￥ 2 7 8 0 0 0 0 0	
汇票到期日（大写）			付款人	行号	50702
交易合同号码	第××023 号			开户行 地址	CY 市××路××号
本汇款已经承兑，到期无条件支付票款			本汇款请予以承兑于到期日付款		
		承兑人签章			出票人签章
承兑日期 201×年××月××日					

图 4-31　商业承兑汇票第二联

（5）其他记载事项是否原记载人在更改处签章。

（6）收款人在本行开户的，第二联托收凭证上的签章与预留印鉴是否相符。

（7）凭证上记载的付款人、收款人开户行名称是否为其全称或规范化简称。

步骤3：柜员办理

操作柜员终端，选择"发出委托收款"交易（图4-32），根据凭证的内容逐一录入相关要素，确认无误后提交。

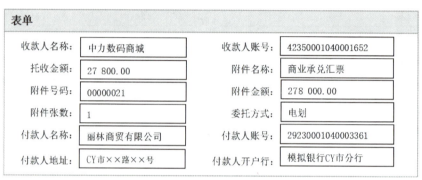

图4-32　"发出委托收款"交易界面

步骤4：签章

交易成功后，在第一、二、三联托收凭证上套打托收编号，并手工在第四、五联托收凭证左上角填写托收编号。在托收凭证第一联上加盖业务受理章、柜员名章，托收凭证第三联上加盖结算专用章。

> **小贴士**
>
> • 收款人开户行如不办理全国或省辖联行业务，向付款人开户行发出委托收款凭证，均应在备注栏加盖"款项"收妥划收××（行号）转划我行戳记，以便付款人开户行向指定的转划行填发报单。

步骤5：送别客户

托收凭证第一联交客户。托收凭证第二联专夹保管。托收凭证第三、四、五联连同商业承兑汇票寄交付款人开户行。

【训练与评价】

201×年9月19日，模拟银行CY市分行开户单位中力数码商城（账号：42350001040001652）持本日到期的商业承兑汇票及委托收款凭证，金额278 000元，委托银行收取汇票款，该商业承兑汇票为在模拟银行CY市分行开户新力商贸有限公司（账号：29230001040005722）。

单元四 银行柜面"对公、对私"业务处理

要求：完成图4-33相关内容。
（自评：×××××　小组评：×××××　老师评：×××××　合计：＿＿＿＿×）

托收凭证（贷方凭证）　　　　　　2

委托日期201×年　月　日

业务类型	委托收款（□普通　□电划）		托收承付（□邮划　□电划）									
付款人	全　称			收款人	全　称							
	账　号				账　号							
	地　址		开户行		地　址		开户行					
金额	人民币（大写）：					千	百	十	万	千	百	十	元	角	分
									￥						
款项内容		托收凭据名称			附寄单证张数							
商品发运情况		合同名称号码										
备注		上列款项随附有关债务证明，请予以办理										
收款人开户银行收到日期　年　月　日			收款人签章		复核		记账					

图4-33　托收凭证（贷方凭证）第二联（二）

活动二　付款人开户行收到委托收款结算凭证业务

【场景设定】

201×年2月16日，模拟银行CY市分行收到"任务二活动一"中邮寄托收凭证及相关附件，审核无误后通知丽林商贸有限公司。

步骤1：受理

收到收款人开户行邮寄的托收凭证第三联（图4-34）、四联、五联及商业承兑汇票。

步骤2：柜员审核

审核付款人是否在本行开户；所附单证数与托收凭证是否相符；托收凭证第三联是否加盖收款人开户行结算专用章。

若是银行承兑汇票，抽出银行承兑汇票存根联进行票据要素的核对确认，通过"银行承兑汇票查询"交易确认该票据状态是否为"承兑"或"到期扣款"以及挂失标志是否为"正常"。若是商业承兑汇票，通过"挂失解挂登记簿查询"交易确认该票据号码下明细情况，挂失标志是否为"正常"状态。

托收编号：00031　　　　　　**托收凭证**（借方凭证）　　　　3

委托日期201×年　月　日　　　　付款期限　年　月　日

	业务类型	委托收款（□普通　　□电划）	托收承付（□邮划　　□电划）										
付款人	全称			收款人	全称								
	账号				账号								
	地址		开户行		地址			开户行					
金额	人民币（大写）：					千	百	十	万	千	百	十	元	角	分
						￥								
款项内容		贷款	托收凭据名称	商业承兑汇票	附寄单证张数									
商品发运情况				合同名称号码										
备注：														
收款人开户银行收到日期　年　月　日		收款人开户银行签章		收款人签章		复核			记账					

图 4-34　托收凭证第三联（一）

步骤 3：柜员办理

在第三、四、五联托收凭证上填写收到日期和付款期限，在托收凭证第五联上加盖业务专用章。

步骤 4：通知客户

将托收凭证第五联交客户签收，托收凭证第三、四联，商业承兑汇票专夹保管。

【训练与评价】

201×年9月19日，模拟银行W市分行收到模拟银行CY市分行邮寄委托收款凭证和所附单证，为模拟银行CY市分行开户单位新力商贸有限公司（账号：29230001040005722）托收商业承兑汇票款，金额23 720元，该汇票付款人为本行开户中力数码商城（账号：42350001040001652）。

要求：完成图 4-35 相关内容。

（自评：×××××　小组评：×××××　老师评：×××××　合计：_____×）

托收编号：00031　　　　　　**托收凭证**（借方凭证）　　　　3

委托日期201×年　月　日　　　　付款期限　年　月　日

	业务类型	委托收款（□普通　　□电划）	托收承付（□邮划　　□电划）										
付款人	全称			收款人	全称								
	账号				账号								
	地址		开户行		地址			开户行					
金额	人民币（大写）：					千	百	十	万	千	百	十	元	角	分
						￥								
款项内容		贷款	托收凭据名称	商业承兑汇票	附寄单证张数									
商品发运情况				合同名称号码										
备注：														
收款人开户银行收到日期　年　月　日		收款人开户银行签章		收款人签章		复核			记账					

图 4-35　托收凭证第三联（二）

活动三　委托收款到期全额付款业务

【场景设定】

201×年2月17日，模拟银行CY市分行收到丽林商贸有限公司出具的付款通知书，同意支付"活动一"中托收款项。

步骤1：柜员审核

抽出专夹保管的第三、四联委托收款凭证及有关债务证明，审核无误。

步骤2：柜员办理

进行"委托收款付款"操作，见图4-36。

表单			
付款人名称：	丽林商贸有限公司	付款人账号：	29230001040003361
付款人地址：	CY市××路××号	汇划途径：	电子汇划
凭证种类：	托收凭证	币　别：	人民币
凭证日期：	201×-02-13	凭证编号：	00031
汇款金额：	27 800.00	是否付款：	付款
收款人名称：	中力数码商城	收款人账号：	42350001040001652
汇入行行号：	50701	汇入行名称：	模拟银行CY市分行
手续费：	1.00	邮电费：	15.00
费用授权标志：	转账	备注：	

图4-36　"发出委托收款"交易界面

步骤3：打印

系统确认交易成功后，柜员打印一式三联业务收费凭证。

步骤4：签章

在托收凭证第三、四联，商业承兑汇票，业务收费凭证上加盖转讫章、柜员名章，见图4-37。

模拟银行业务收费凭证　　　3

年　月　日第　号

付款人				账号	
工本费金额	手续费金额	邮电费		电子汇划费	合计金额
合计金额（人民币大写）					
付款方式	转账				
备注					

会计主管　　　　　　　　　　　复核（授权）　　　　　　　　　经办

图4-37　模拟银行业务收费凭证第三联（客户回单）（二）

(1) 银行接收到付款人出具的付款通知书，应根据付款通知书及时将款项划给收款人。

(2) 银行未在付款人签收的次日起 3 日内收到付款通知书，也未接到拒绝付款通知书的，且付款人账户有足够资金支付全部款项的，应于付款人签收的次日起第 4 日上午营业时，将款项划给收款人。

(3) 付款人提前收到由其付款的债务证明，应通知银行于债务证明的到期日付款。付款人未于接到通知日的次日起 3 日内通知银行付款，且付款人接到通知日的次日起第 4 日在债务证明到期日之前的，银行应于债务证明到期日将款项划给收款人。

付款人账户余额不足的处理

付款人因账户余额不足不能支付托收款项，柜员应在委托收款凭证上注明日期和"无款支付"字样，并填制一式三联付款人未付款通知（或支付结算通知书），经会计主管同意并签章后，进行"委托收款付款"交易，录入相关要素，在"是否付款"栏内选择"不付款"。将未付款通知书第一联和托收凭证第三联留存备查；未付款项通知书第二、三联连同托收凭证第四联及有关债务凭证一并寄收款人开户行。

【训练与评价】

201×年 9 月 23 日，模拟银行 W 市分行收到模拟银行 CY 市分行邮寄委托收款凭证和所附单证，为模拟银行 CY 市分行开户单位新力商贸有限公司（账号：29230001040005722）托收商业承兑汇票款，金额 23 720 元，该汇票付款人为本行开户中力数码商城（账号：42350001040001652）。9 月 25 日，中力数码商城通知开户银行同意付款。

要求：完成图 4-38 相关内容。

（自评：×××××　小组评：×××××　老师评：×××××　合计：_____×）

模拟银行业务收费凭证　　　3

年　　月　　日第　　号

付款人			账号		
工本费金额	手续费金额		邮电费	电子汇划费	合计金额
合计金额（人民币大写）					
付款方式	转账				
备注					

会计主管　　　　　　　　　　复核（授权）　　　　　　　　　经办

图 4-38　模拟银行业务收费凭证第三联（客户回单）（三）

活动四　收款人开户行办理委托收款款项划回业务

【场景设定】

201×年2月18日,模拟银行CY市分行收到系统内电子汇划一笔,系"活动一"委托收款款项划回。

步骤1:接受来账

打开柜员操作系统,进行"接收入账"操作,选择"打印清单",打印电子汇划划(收)款补充报单一式三联(图4-39),进行来账查询和核对。

电子汇划划(收)款补充报单　　3　　No.0021

201×年 10月 09日

付款人	全　称	丽林商贸有限公司	收款人	全　称	中力数码商城
	账　号	29230001040003361		账　号	42350001040001652
	开户银行	模拟银行CY市分行		开户银行	模拟银行CY市分行
金额(大写)贰拾柒万捌仟元整					
用途	货款				
备注: 汇划日期:201×年××月××日　　汇划流水号:00541 汇出行号:50701　　　　　　　　原凭证种类:电汇凭证 原凭证号码:0031 原凭证金额:278 000.00					

图4-39　电子汇划划(收)款补充报单第三联(三)

步骤2:审核入账

与留存的托收凭证第二联核对无误后注明转账日期,操作系统,进行"接收入账"交易,选择"入账"交易,系统自动入账。

步骤3:签章

在一式三联电子汇划划(收)款补充报单、托收凭证第二联上加盖转讫章、柜员名章。

步骤4:通知客户

将电子汇划划(收)款补充报单第三联交收款人,并将盖章后的凭条按流水整理存放,结束该笔业务。

【训练与评价】

201×年9月25日,模拟银行W市分行收到系统内电子汇划一笔,系"活动一"练习中托收款项划回,审核无误后办理入账。

要求：完成图4-40相关内容。

（自评：×××××　小组评：×××××　老师评：×××××　合计：_____×）

电子汇划划（收）款补充报单　　3　　No0021

201×年　月　日

汇款人	全称		收款人	全称	
	账号			账号	
	汇出地点			开户银行	
金额（大写）					
用途					
备注					

图4-40　电子汇划划（收）款补充报单第三联（四）

任务三　银行本票业务

银行本票，是申请人将款项交存银行，由银行签发的承诺自己在见票时无条件支付确定的金额给收款人或者持票人的票据。

一、银行本票业务流程

银行本票业务流程见图4-41。

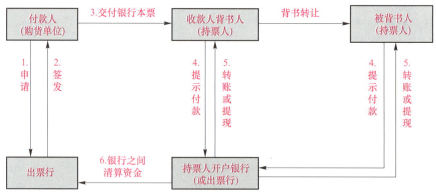

图4-41　银行本票业务流程

二、银行本票业务相关规定

银行本票业务相关规定见表 4-8。

表 4-8　银行本票种类及相关规定

种类	转账银行本票	用于转账
	现金银行本票	注明"现金"字样 用于支取现金
签发	申请人、收款人均为个人，才可为其签发现金银行本票 申请人或收款人为单位的，银行不得为其签发现金银行本票 本票的金额、日期、收款人名称不得更改，更改的票据无效，对票据上的其他记载事项，原记载人可以更改，更改时应当由原记载人签章证明	
提示付款期	自出票日起最长不超过 2 个月（不论大月、小月，一律按次月对日计算，到期日遇法定节假日顺延） 持票人超过付款期限提示付款的，代理付款人不予受理	
背书转让	一律记名，允许背书转让	
挂失	填明"现金"字样的银行本票丧失，可以由失票人通知付款人或者代理付款人挂失止付。未填明"现金"字样的银行本票丧失，不得挂失止付	
适用范围	同城结算单位、个体经济户和个人不管其是否在银行开户，他们之间在同城范围内的所有商品交易、劳务供应以及其他款项都可以使用银行本票结算 收款单位和个人持银行本票可以办理转账结算，也可以支取现金	

活动一　办理签发本票业务

【场景设定】

201× 年 8 月 3 日，模拟银行 CY 市分行客户张华来行申请签发转账本票一张，金额为 126 000 元，为购买商品房收付款，收款单位为工商银行 CY 市分行开户金桥房地产开发股份公司。柜员李阳（柜员号：203006）接待了客户，并圆满完成了业务。

步骤 1：柜员受理

受理客户提交一式三联本票申请书（图 4-42）。

小贴士

——银行本票申请书一式三联，第一联存根由申请人留存，第二联作出票行借方凭证，第三联由出票行作开出本票科目贷方凭证。

步骤 2：柜员审核

收到申请人提交的本票申请书后，应认真审查申请书内容填写是否完整、清晰，签章是否为预留印鉴，申请人要求不得转让的，是否注明"不得转让"字样。经审查无误后，才能受理其申请。

步骤 3：操作终端

操作柜员终端，进行"签发本票"操作。

银行本票申请书（借方凭证）　　　2

申请日期 201×年　月　日　　　　　第××××号

申请人		收款人											
账号或住址		账号或住址											
开户银行		账号或住址											
支付金额	人民币（大写）			千	百	十	万	千	百	十	元	角	分
				￥									
上列款项请在我账户内支付		支付密码											
		附加信息及用途：											
	申请人签章	授权：	复核：					经办					

图 4-42　银行本票申请书第二联（一）

步骤 4：签章

柜员签发一式两联本票（图 4-43）。经复核无误后在本票第一联加盖授权人、柜员名章。本票第二联加盖柜员名章，将本票交压数机保管员用压数机在本票"人民币（大写）"栏右端压印小写金额。完成后交印章保管员在第二联加盖本票专用章；在三联本票申请书上加盖转讫章、柜员名章。

银行本票　　　2

0000000
00000××

出票日期（大写）
收款人：　　　　　　　　　　　申请人：

人民币凭票即付（大写）	千	百	十	万	千	百	十	元	角	分

☑转账　　☐现金　　　　　　密押＿＿＿＿＿＿
提示付款期限自出票之日起贰个月　　行号＿＿＿＿＿＿

备注　　　出票行签章　　　出纳　　　复核　　　经办

图 4-43　银行本票第二联（一）

步骤5：结束业务

将本票第二联、本票申请书第一联交客户。本票第一联专夹保管，申请书第二、三联按类整理存放，结束该笔业务。

【训练与评价】

201×年10月18日，模拟银行CY市分行开户单位软银商务服务公司（账号：42350001040001652）申请签发转账本票一张，金额115 300元，用于支付大通公司货款（建设银行开户，账号：29230001040005722）。

要求：完成图4-44、图4-45相关内容。

（自评：××××× 小组评：××××× 老师评：××××× 合计：_____×）

银行本票申请书（借方凭证）　　　　2

申请日期201×年　　月　　日　　　　　　　第××××号

申请人		收款人											
账号或住址		账号或住址											
开户银行		账号或住址											
支付金额	人民币（大写）			千	百	十	万	千	百	十	元	角	分
							￥						
上列款项请在我账户内支付		支付密码											
		附加信息及用途：											
申请人签章		授权：		复核：				经办					

图4-44　银行本票申请书第二联（二）

银行本票　　　　2　　　　0000000
　　　　　　　　　　　　　　　　00000××

出票日期（大写）
收款人：　　　　　　　　　　　申请人：

人民币凭票即付（大写）	千	百	十	万	千	百	十	元	角	分

☑转账　　□现金　　　　　　密押_____
提示付款期限自出票之日起贰个月　　行号_____

备注　　出票行签章　　　出纳　　　复核　　　经办

图4-45　银行本票第二联（二）

活动二 办理签发本票业务

【场景设定】

201×年8月11日,模拟银行CY市分行开户单位北通公司提交申请人为精工机械公司(模拟银行CY市分行开户)的银行本票一份,金额为200 000元。柜员李阳(柜员号:203006)接待了客户,并圆满完成了业务。

步骤1:柜员受理

受理客户提交银行本票第二联(见图4-46)、一式三联进账单。

> **小贴士**
>
> 持票人可直接向出票行提示付款或委托开户银行向出票行付款。直接向出票行提示付款时,应在本票背面"持票人向银行提示付款签章"处签章。如果收款人是个人,附加盖个人名章。如果收款人是单位,则加盖预留银行印鉴。委托开户银行收款时,应在本票背面作委托收款背书。

银行本票	2	0000000
		00000××

出票日期(大写)
收款人:　　　　　　　　　　申请人:

人民币凭票即付(大写)	千	百	十	万	千	百	十	元	角	分

☑转账　□现金　　　　　　　密押_____
提示付款期限自出票之日起贰个月　　行号_____

备注　　出票行签章　　　出纳　　　复核　　　经办

被背书人	被背书人
背书人签章 年 月 日	背书人签章 年 月 日
身份证件名称: 发证机关:	
持票人向银行提示付款签章: 号码	

图4-46 银行本票第二联(三)

步骤 2：柜员审核

审核本票是否是统一印制的凭证，是否真实，是否超过提示付款期；本票填明的持票人是否在本行开户，与进账单上的收款人名称是否相符；出票行的签章是否符合规定；本票压数机压印的金额是否正确；持票人是否在本票背面签章。

步骤 3：操作终端

操作柜员终端，进行"代理本票付款"操作。

步骤 4：签章

在本票第二、三联进账单上加盖转讫章、柜员名章。

步骤 5：结束业务

将进账单第一、三联交客户。本票第二联交票据交换柜员。进账单第二联存放，结束该笔业务。

【训练与评价】

201×年10月20日，模拟银行CY市分行开户单位软银商务服务公司（账号：42350001040001652）持转账本票一张申请进账，金额23 300元，本票申请人为中国工商银行CY市分行开户金元贸易有限公司（账号：29230001040005722）。

要求：完成图4-47、图4-48相关内容。

（自评：××××× 小组评：××××× 老师评：××××× 合计：_____×）

进账单（回单） 1

年　月　日

出票人	全 称		收款人	全 称											
	账 号			账 号											
	开户银行			开户银行		开户行									
金额	人民币（大写）				千	百	十	万	千	百	十	元	角	分	
								￥							
票据种类		票据张数													
票据号码															
			复核　　记账								开户行银行盖章				

图4-47　进账单第一联

| | 银行本票 | 2 | 0000000 00000×× |

出票日期（大写）
收款人：　　　　　　　　　　　申请人：

| 人民币凭票即付（大写） | 千 | 百 | 十 | 万 | 千 | 百 | 十 | 元 | 角 | 分 |

☑转账　□现金　　　　　密押＿＿＿＿＿＿＿＿＿
提示付款期限自出票之日起贰个月　行号＿＿＿＿＿＿＿＿＿

备注　　　出票行签章　　　出纳　　　复核　　　经办

图 4-48　银行本票第二联（四）

任务四　银行汇票业务

银行汇票，是出票银行签发的，由其在见票时按照实际结算金额无条件支付给收款人或者持票人的票据。银行汇票的出票银行为银行汇票的付款人。

一、银行汇票业务流程

银行汇票业务流程见图 4-49。

图 4-49　银行汇票业务流程

二、银行汇票种类及相关规定

银行汇票种类及相关规定见表 4-9。

表 4-9 银行汇票种类及相关规定

种类	转账银行本票	申请人或收款人为单位或个人的，均可申请
	现金银行本票	申请人和收款人均为个人的，才能申请；为单位的，不能申请 填明"现金"字样的银行汇票可以支取现金
特点	适用范围广、信用可靠、见票即付、适用灵活、余款自动退回	
使用范围	单位、个体经营户和个人需要在同城、异地进行商品交易、劳务供应和其他经济活动及债权债务的结算，均可以使用银行汇票	
提示付款期	自出票日起1个月，持票人超过付款期限提示付款的，代理付款人不予受理 持票人向银行提示付款时，必做同时提交银行汇票和解讫通知，未填明实际结算金额和多余金额或实际结算金额超出出票金额的，银行不予受理 更改实际结算金额的银行汇票无效	
背书转让	可以背书转让，但填明"现金"字样的银行汇票不得背书转让	
挂失	填明"现金"字样和代理付款人的银行汇票丢失，可以由失票人通知付款人或代理付款人挂失止付	
退票	在票据的有效期内可以办理退票 超过30天没有使用的银行汇票，持票人可到出票银行办理退票	

活动一　办理签发银行汇票业务

【场景设定】

201×年11月6日，模拟银行CY市分行开户恒生电子有限公司来行申请办理银行汇票一份，汇票金额为100 000元，用途为货款，收款人为模拟银行W市分行开户深蓝科技有限公司。柜员李阳（柜员号：203006）接待了客户，并圆满完成了业务。

步骤1：柜员受理

受理客户提交一式三联银行汇票申请书（图4-50）。

银行汇票申请书（借方凭证）　　　　2

申请日期201×年　月　日			第××××号									
申请人		收款人										
账　号		账　号										
用　途		代理付款行										
支付金额	人民币 （大写）			千	百	十	万	千	百	十	元	角	分
			￥									
上列款项请在我账户内支付		支付密码										
		附加信息及用途：										
		授权：　　　　复核：　　　　经办										

图4-50　银行汇票申请书第二联

> **小贴士**
>
> 银行汇票申请书一式三联，第一联存根由申请人留存，第二联作出票行借方凭证，第三联由出票行作汇出汇款科目贷方凭证。

步骤2：柜员审核

收到申请人提交的本票申请书后，应认真审核申请书内容填写是否完整、清晰，签章是否为预留印鉴，如果申请书填明"现金"字样，应审查申请人和收款人是否为个人。经审查无误后，才能受理其申请。

步骤3：柜员办理

进入操作柜员终端，进行"银行汇票签发"操作。打印一式四联银行汇票（图4-51）。经复核无误后在汇票第一联加盖授权人、柜员名章。汇票第二联加盖柜员名章，将汇票交压数机保管员用压数机在汇票"人民币（大写）"栏右端压印小写金额。

银行汇票　　　2　　　　　　0000000
　　　　　　　　　　　　　　　00000××

出票日期（大写）　　年　月　日	代理付款行：　　　行号：
收款人：	
出票金额人民币（大写）	千 百 十 万 千 百 十 元 角 分
实际结算金额人民币（大写）	
提示付款期限自出票之日起壹个月	
申请人：＿＿＿　账号：＿＿＿	
出票行：＿＿＿　行号：＿＿＿	
备注：	密押：
凭票付款	多余金额 千 百 十 万 千 百 十 元 角 分
出票行签章	复核记账

图4-51　银行汇票第二联（一）

步骤4：签章

交印章保管员在第二联加盖汇票专用章；在第一、二、三联银行汇票申请书上加盖转讫章、柜员名章。

步骤5：结束业务

将银行汇票第二联、银行汇票申请书第一联交客户。银行汇票第一、四联专夹保管，申请书第二、三联按类整理存放。

活动二　代理兑付银行汇票业务

【场景设定】

201×年11月8日，模拟银行CY市分行开户恒生电子有限公司持银行汇票的汇票联及解讫通知联合三联进账单（出票金额50 000元，实际结算金额50 000元）来行办理进账业务。汇票申请人为模拟银行W市分行开户金山贸易有限公司。柜员李阳（柜员号：203006）接待了客户，并完成了相关业务。

步骤1：柜员受理

受理客户提交银行汇票第二联（图4-52）、一式三联进账单。

银行汇票	2	0000000 00000××

出票日期（大写）　　年　　月　　日	代理付款行：　　　　行号：
收款人：	
出票金额人民币（大写）	千 百 十 万 千 百 十 元 角 分
实际结算金额人民币（大写）	
提示付款期限自出票之日起壹个月	
申请人：　　　　　账号：	
出票行：　　　　　行号：	
备注： 凭票付款 　　出票行签章	密押： 多余金额 千 百 十 万 千 百 十 元 角 分 　　　　　　　　　　复核记账

图4-52　银行汇票第二联（二）

步骤2：柜员审核

审核汇票和解讫通知联是否同时提交，其号码和记载的内容是否一致；是否超过提示付款期限；汇票填明的持票人名称和进账单上的收款人名称是否相符；出票行的签章是否符合规定，加盖的"汇票专用章"是否与印模相符；密押是否正确，压数机压印的金额是否由统一制作的压数机压印，与大写的出票金额是否一致；汇票实际结算金额大小写是否一致，是否在出票金额以内，与进账单所填金额是否一致，多余金额结计是否正确；如果全额解付，必须在汇票第二、三联的实际结算金额栏填入全部金额，多余金额栏填写"-0-"。

步骤3：操作终端

进入操作柜员终端，进行"银行汇票解付"操作。

步骤4：签章

在银行汇票第二、三联及三联进账单上加盖转讫章、柜员名章。

步骤5：结束业务

将进账单第一、三联交客户。银行汇票第二、三联，进账单第二联按类存放。

项目十四

电子银行业务

任务目标

1. 了解网上银行、电话银行、手机银行、自助银行等电子银行业务。
2. 掌握网上银行个人客户、企业客户柜面业务流程。

任务一　电子银行基本知识

20世纪90年代以来，随着计算机网络技术和电子信息技术的高速发展，家用计算机的广泛使用，固定电话、手机的普及，电子商务的兴起，特别是以互联网技术为核心的现代计算机网络技术在银行业的应用和推广，银行业开始进入了一个新的历史发展阶段——电子银行发展阶段。

一、电子银行的概念及特点

电子银行，是指以计算机、通信技术为媒介，客户使用各类接入设备自助办理银行业务的新型银行服务手段。

电子银行是社会信息化高度发展的产物，它的产品和服务有以下特点：
（1）客户自助服务。
（2）提供多方位、全天候服务。
（3）业务多样，综合性强。
（4）科技含量高。
（5）边际成本低。
（6）需要复合型人才。

二、电子银行业务产生的背景以及对商业银行的影响

高速发展的现代信息技术、客户对银行服务的多样性与个性化需求、银行间日益激烈的竞争是商业银行电子银行业务产生的大背景，而电子银行的蓬勃发展导致了商业银行和

非银行金融机构之间的界限越来越模糊，银行业由"分业经营"逐步转向"混业经营"，金融"脱媒"趋势加剧，金融服务业出现"两级发展、协同共存"的格局等种种结果。电子银行的发展对传统银行业产生了巨大的影响，主要表现在以下几方面：

1．**商业银行和非银行金融机构之间的界限越来越模糊**

由于电子银行的交易成本低廉，电子银行的发展使银行和其他金融机构能够迅速地处理和传递大量的信息，打破了商业银行和非银行金融机构之间的专业分工，各种金融机构提供的服务日趋相似，商业银行向保险公司、投资银行等非银行金融机构进行业务渗透。商业银行将逐步转变为理财型、咨询型的金融机构，不同金融机构的差别分工日趋淡化的"大金融"格局将逐步显现。

2．**银行业将从"分业经营"逐步转向"混业经营"**

电子银行的发展使银行业务的内涵和外延发生了重要的变化，银行开始涉足资本市场或金融衍生品市场，大量非银行金融产品及其衍生品已成为当今银行的主产品，传统业务给银行带来的收益逐渐退居其次。银行服务的综合化、全能化已成为现代银行的发展趋势。

3．**加剧了金融"脱媒"趋势，证券市场作用有所加强**

由于市场主体能够通过网络方式方便、快速地获取各种市场信息，这将吸引更多的金融交易从传统的金融机构转向金融市场，特别是证券市场，结果加剧了金融"脱媒"趋势，直接融资的数量大幅增长，证券市场作用得到加强，而传统银行和金融机构的作用却受到削弱。

4．**金融服务业将出现"两级发展、协同共存"的格局**

随着电子银行业务的发展，银行服务将出现两个趋势：标准化和个性化，即一是以更低的价格大批量提供标准化的传统银行服务；二是在深入分析客户信息的基础上为客户提供个性化的银行服务，重点在理财和咨询业务、由客户参与业务设计等方面。银行将充分利用不断发展的大量信息技术深入分析客户，更好地满足客户个性化的需求。

5．**电子银行业务改变了银行传统的运作模式**

随着高科技的迅猛发展，电子银行业务的运作模式趋向虚拟化、智能化。银行不再需要在各地区大规模设置分支行来扩展业务，只要利用互联网这个平台便可将银行业务伸向世界的任何一个角落。传统银行业务借助资本、人力、物力等资源争夺客户的经营模式将转变为借助技术、管理等智能资本的电子化经营模式。在传统业务中，银行以存款贷款利差为主要收入来源。伴随电子银行业务的高速发展，中间业务的收入，代理业务的收入将大量增加。从某种意义上说，电子银行业务的高速发展改变了银行传统的运作模式，进而改变了银行的收入结构。

6．**电子银行业务将会使传统的银行营销方式发生改变**

电子银行能够充分利用网络与客户进行交互式沟通。从而使传统银行的营销活动以产品为导向转变为以客户为导向，能根据客户的具体要求创造具有鲜明个性的金融产品，最大限度地满足客户日益多样化的金融需要。

7．**对管理水平提出更高要求**

首先，电子银行产品的出现，对于传统的柜面业务产生了较大的冲击，如何协调二者，使之共同发展，是值得管理者关注的问题。其次，电子银行对于交易的安全性和银行内部风险防范提出了更多、更高的要求。最后，电子银行业务的发展还面临一定的法律风险。

三、我国电子银行发展历程

世界范围内电子银行的发展主要经历了三个阶段。第一阶段是计算机辅助银行管理阶段，这个阶段始于20世纪50年代，直到20世纪80年代中后期；第二阶段是银行电子化或金融信息化阶段，这个阶段是从20世纪80年代后期至90年代中期；第三阶段是网络银行阶段，时间是从20世纪90年代中期至今。

我国电子银行是在现有商业银行基础上发展起来的，把银行传统业务捆绑到自助终端、电话、因特网等渠道上，向客户提供电子服务窗口。20世纪80年代末，国内银行开办了银行卡业务。20世纪90年代，银行开始推出ATM和POS服务，它标志着我国电子银行的萌芽。1992年，随着互联网的崛起及计算机、数据库、通信技术的迅猛发展，我国开通了第一个电话银行系统。随后，国内银行经历了普通语音电话银行、语音传真电话银行、微机图文电话终端企业银行和银行电话服务中心几个阶段。1996年，中国银行率先推出自己的门户网站。1997年，中国银行网上银行系统正式投产，首次将传统银行业务延伸到互联网上。1998年3月，我国首家网上银行开通。自1999年以来，基于国内网民数量的几何级增长和应用环境的日益成熟，网上银行在我国获得了迅猛发展。2004年，在有线电视视讯宽带网基础上，以电视机与机顶盒为客户终端实现联网，办理银行业务的一种新型自助金融服务——家居银行概念在国内兴起。

自助终端→自助银行→电话银行→客户服务中心→网上银行→手机银行。我国的电子银行业务已经迅速发展起来，初步建立了以电话银行、手机银行、网上银行和自助银行为主的立体电子银行体系。

四、电子银行业务产品及功能

电子银行是指以计算机、通信技术为媒介，客户使用各类接入设备自助办理银行业务的新型银行服务手段。在此基础上，按产品使用方式和渠道的不同，可以分为网上银行、电话银行、手机银行、自助银行、ATM、POS以及多媒体自助设备等。电子银行业务的产品功能基本包括了除现金交易外的资产、负债和中间业务等全部银行服务功能。概括起来，电子银行产品的功能见表4-10。

表4-10　电子银行业务可提供的主要金融产品和服务

序号	第一类服务（个人业务）	第二类服务（公司业务）	第三类服务（信息服务）	第四类服务（客户服务）
1	个人转账业务	内部转账	公共信息发布	客户资料管理
2	汇款业务	账户现金管理	银行业务介绍	客户信息查询
3	代收代付	代收代付	利率	业务申请
4	证券买卖	工资管理	投资理财咨询	其他

续表

序号	第一类服务（个人业务）	第二类服务（公司业务）	第三类服务（信息服务）	第四类服务（客户服务）
5	外汇买卖	信用管理	银行机构介绍	—
6	消费贷款	集团财务管理	市场信息	—
7	信用卡服务	其他公司业务	—	—

【知识探微】

一、网上银行

网上银行，又称网络银行或虚拟银行，它是以 Internet 技术为基础，通过互联网这一公共资源实现银行与客户之间的联接，来提供各种金融服务，实现各种金融交易。通俗地说，网上银行就是在因特网上建立的一个虚拟的银行柜台，为客户开展各项金融服务。客户只需坐在家中或办公室里轻点鼠标，就可以享受以往必须到银行网点才能得到的金融服务。

商业银行根据服务对象的不同，将网上银行分为个人网上银行和企业网上银行。

1. 个人网上银行产品功能

个人网上银行为客户提供了丰富的产品，包括账户信息查询、缴纳各种费用、网上购物在线支付、投资理财等各个方面，几乎涵盖了除现金存取外的全部个人金融业务。

（1）账户信息管理。账户信息管理是个人网上银行最基本和最常用的产品，该产品主要为个人客户提供基本信息查询、余额查询、交易明细查询、账户挂失等账户查询服务。此外，各家银行还分别开发了一些特色服务。例如，中国工商银行提供电子工资单查询，客户可以查询个人工资单明细，了解本人每月工资收入的具体细项内容；又如，浦东发展银行的总资产总负债查询，可以了解个人所有储蓄存款、贷款的分类汇总信息等。

（2）转账汇款业务。转账是指个人客户通过网上银行从本人注册账户向同城同行的其他账户进行资金划转的金融服务；汇款是指个人客户通过网上银行从本人注册账户向同城他行或异地的其他账户进行资金划转的金融服务。目前，我国各商业银行都提供个人账户间转账汇款、任意账号间转账汇款、跨行汇款等业务功能。

（3）缴费支付。缴费支付是商业银行向个人客户推出的，在线查询和缴纳各种日常费用的一项综合服务功能。通常各商业银行都提供如下业务功能：在线自助缴纳手机费、电话费、上网费、学费、水费、电费、车船使用税等。在缴纳方式上，部分商业银行还推出了"委托代扣"的方式，即客户在线与银行签署费用扣缴协议，银行根据协议内容定期从客户账户中扣取一定金额的费用。这种方式进一步简化了客户操作。

（4）投资理财服务。投资理财是银行通过提供基金、证券、外汇等系列投资、理财产品，满足不同客户进行各种投资的需要，实现个人资金保值增值的金融服务。通常，各商业银行都提供网上证券买卖、网上黄金买卖、网上外汇买卖等业务功能，而且很多银行还提供了包括网上实现通知存款和定期存款的存款类理财服务。

（5）通知提醒。通知提醒是商业银行为个人提供的个性化的增值信息服务，包括通过短信或电子邮件方式发送账户余额变动提醒、财经证券信息、外汇信息、重要信息提示等业务功能。

（6）B to C 网上支付。B to C 网上支付是指企业（卖方）与个人（买方）通过互联网进行电子商务交易时，银行为其提供网上资金结算服务的一种功能。

（7）客户服务。主要为客户提供修改登录密码、个人客户资料、积分查询以及个性化页面设置等功能。

（8）个人财务分析。为个人提供财务分析图、提供个性化的财务分析，包括支付分配图、支出明细报表、收入分配图、收入明细报表、现金流量图、收支对比图等。

目前，各商业银行正在继续为客户开发更加个性化的产品，更加注重开发各种信贷产品、投资理财产品，尤其是国际理财产品。

2．企业网上银行产品功能

国内外商业银行的企业网上银行都为企业提供了丰富的产品功能，帮助企业实现对资金的高效管理。通常商业银行的企业网上银行主要包括以下功能：

（1）账户管理。该产品主要为企业提供各类银行账户的基本信息查询、余额查询、企业资金运营明细查询、电子回单查询等服务功能。

（2）代收业务。代收业务是指银行为收费企业提供的向其他企业或个人客户收取各类应缴费用的功能，通常需要事先签订收费企业、缴费企业或个人、银行三方协议后银行才能提供此项功能。

（3）付款业务。付款业务是企业客户通过网上银行将其款项支付给收款人的一种网络结算方式，一般包括集团账户间转账汇款、任意账号间转账汇款、跨行汇款等。

（4）B to B 在线支付。B to B 在线支付是专门为电子商务活动中的卖方和买方提供的安全、快捷、方便的在线支付结算服务。

（5）投资理财。投资理财是银行通过提供基金、证券、外汇等系列投资、理财产品，满足不同企业客户进行各种投资需要，实现企业资金保值增值的金融服务。

（6）代理行业务。代理行业务，是商业银行专为银行同业客户提供的网上代理签发银行汇票和网上代理汇兑业务。其中，网上代理汇兑是指商业银行通过网上银行接受其他商业银行（被代理行）的委托，为其办理款项汇出和汇入的服务；网上代理签发银行汇票，是指其他商业银行（被代理行）使用代理行的银行汇票凭证、汇票专用章和专用机具，通过代理行网上银行为其开户单位或个人签发银行汇票，并由代理行所有通汇网点兑付的行为。

（7）网上银行信用证业务。网上银行信用证业务为企业客户提供了快速办理信用证业务的渠道，实现了通过网络向银行提交进口信用证开证申请和修改申请、网上自助打印有关信用证申请材料以及网上查询等功能。

（8）票据托管。票据托管实现了集团客户对总部和分支机构所持票据的信息录入、查询，以及票据贴现、质押、转让、托收等功能。

（9）企业年金。网上企业年金服务为企业年金客户全面掌握本单位、下属单位以及员工的年金相关信息提供了一种简单方便的渠道。

（10）集团理财。集团理财是通过网上银行为集团客户提供的集团内部资金上收、下拨与平调等业务。集团理财以及由此延伸的网上现金管理，能有效帮助大型企业集团实现由高负债、高费用、高成本的粗放型经营管理模式，向低负债、低费用、低成本的集约型管理模式转变，特别适合在全国范围内经营的企业集团，并已经在众多集团客户中得到了广泛应用。

当前，随着市场上企业网上银行产品的高度同质化，众多的商业银行逐渐把差异化的方向放在高端企业用户身上，以满足其不同需求，积极开展资产管理业务，特别是国际理财产品、全球账户管理、全球范围的支付结算等企业网上的产品创新，以进一步增强高端客户对银行的忠诚度。

> **小贴士**
>
> **网上银行的两种模式**
>
> （1）无任何分支机构、完全依托互联网开展银行业务的纯粹的虚拟银行，欧洲多采用这种方式。
>
> （2）在现有银行基础上，以互联网为服务平台拓展传统银行业务的"水泥加鼠标"银行，如花旗银行、大通曼哈顿银行、美洲银行等开设的网上银行，我国各银行的网上银行均采取这一主流模式。
>
> 网上银行几乎提供了所有传统柜面业务的服务，甚至还有更多银行柜面没有的服务。

二、电话银行

电话银行（Phone Bank）使用计算机电话集成（CTI）技术，采用电话自动语音和人工座席等服务方式为客户提供丰富、快捷、方便的金融服务，它集个人理财和企业理财于一身，是现代通信技术与银行金融理财服务的完美结合。

电话银行具有使用简单，操作便利；覆盖广泛，灵活方便；手续简便，功能强大；成本低廉，安全可靠；服务号码统一的特点。

我国商业银行的电话银行分个人电话银行业务和企业电话银行业务两种。

1. 个人电话银行的主要功能

（1）账户查询：客户可查询在开户银行开立的活期存折、零存整取、定期一本通、信用卡、借记卡、贷记卡等账户余额及未登折、当日、历史明细。

（2）转账服务：实现自己的注册卡下所有账户之间的资金划转，可以进行活期转活期、活期转信用卡、活期转零整、活期转定期一本通、信用卡转活期等。

（3）自助缴费：可自助查询和缴纳在银行柜面登记的缴费项目，如固定电话费、手机费、水电气等费用。

（4）银证转账：能实现客户银行账户与证券保证金账户之间的资金划转及两端账户余额的查询。

（5）银证通：可以直接使用自己的银行活期账户进行与股票相关的交易，包括股票的买入、卖出、撤单以及股票查询、资金查询、行情查询、委托查询、成交查询、申购配号查询等。

（6）基金业务：可以利用电话银行进行基金交易，包括基金的认购、申购、赎回、自动再投资以及资金余额查询、基金余额查询、当日明细查询、历史明细查询、基金代码查询、基金净值查询等。

（7）外汇买卖：可使用个人外汇买卖专用存折账户进行外汇交易，包括外汇的即时买卖、货币代码查询、汇率查询、账户余额查询、买卖明细查询等。

（8）公共信息：可以查询开户银行发布的各种信息，如存款利率、外汇牌价、基金净值、货币代码、公告信息等。

（9）业务申请：客户在电话银行中可以自助下挂账户、自助申请基金业务、自助申请外汇买卖业务。

（10）账户挂失：客户可通过此项业务办理自己信用卡、存折等账户的紧急临时挂失。

在传统的电话银行功能业务的基础上，不少银行对于电话银行的功能、业务办理形式进行了拓展，开发出不少很实用的功能。使用以上这些功能，可以让你在使用电话银行的时候获得更加愉悦的体验。

2．企业电话银行的主要功能

企业电话银行通常只能开展查询类业务。

> **小贴士**
>
> **电话银行**
>
> （1）电话银行的发展趋势是呼叫中心（Call Center）。
>
> （2）以Web为平台的呼叫中心，可以充分利用互联网设施和技术，允许客户以任意方式，如语音、数据、传真、电子邮件和视频等开展业务，如查询余额、最新的支票付款和存款，支付电话费和电费，更改ATM账号和其他类型账号的个人识别代码（PIN）等，完成语音与客户数据资料的实时转接和协同运用，为客户提供快捷方便的个性化服务等。

三、手机银行

手机银行（Mobile Bank），也称移动银行，是利用移动网络（GSM/CDMA）和计算机系统的无线连接，实现客户与银行的信息、数据交换。目前国内手机银行按实现方式主要分为两种模式：短信（Short Message Service，SMS）手机银行和WAP（Wireless Application Protocol，无线应用协议）手机银行模式。

短信手机银行，是客户通过移动电话网的短消息系统送到银行，银行接到信息并进行处理后，将结果返回手机，完成各项金融理财业务，如账户管理、多功能资金转账、自助缴费、证券服务、外汇买卖等；WAP手机银行模式，是银行为客户提供基于WAP协议的网上银行产品和服务，客户通过手机内嵌的 WAP 浏览器，访问银行网站并完成所需的自助业务。

与网上银行和电话银行相比，手机银行功能相对比较简单，以小额支付为主；手机银行的用户界面和操作方式虽不尽相同，但其提供的服务功能基本一致，主要包括账户查询、转账汇款、缴费支付、投资理财等。

（1）查询服务，使自己的账户情况一目了然。除了查询余额和明细以外，手机银行还有来账查询、积分查询、日志查询、公积金查询等功能。

（2）转账汇款，比到网点更省时省力。如果收付款双方都是手机银行客户，利用手机到手机转账功能，付款方在不知道收款方银行账号的情况下，只要知道其手机号码就能完成转账汇款操作。

（3）缴费支付功能。让客户足不出户就能完成缴纳手机费、市话费、水电煤气费等多种费用，既快捷又方便。

（4）为客户投资理财提供最大的方便。客户可以通过手机银行办理买卖基金、买卖国债、银证业务等理财业务，安全快捷；还能查询实时的股市行情。

（5）个人账户管理功能，方便客户按时还款，不至于产生拖欠。

国内手机银行发展现状

（1）由于手机具有便捷及时的特性，客户可以得到随时随地的服务，这样一种大众化的便捷通信工具成为支付工具将是一种必然趋势。

（2）我国的手机银行业务始于 1999 年。

（3）2000 年，中国移动联合多家商业银行推出了手机银行业务，提供账户查询、转账、缴费和证券信息等服务。

（4）自 2004 年开始，各大银行纷纷推出的新一代手机银行业务可以进行现金存取以外的大部分银行业务。

（5）国内的手机银行业务大多以 SMS 制式为客户提供服务，即银行短信服务。

个人账户管理

（1）个人贷款账户管理。客户通过个人贷款查询服务，可以快速了解当前贷款账户情况，在第一时间知悉贷款到期情况，以便及时还款。

（2）信用卡账户管理。与信用卡有关的账户信息都可以通过手机银行查询，如余额查询、账单查询、积分查询；及时给信用卡还款，以免产生拖欠。

四、自助银行

自助银行是指商业银行在营业场所以外设立的自动取款机（ATM）、自动存款机（CDM）等，通过计算机和通信等电子化手段，提供存款、贷款、取款、转账、货币兑换和查询等金融服务的自助设施，包括具有独立营业场所、提供上述金融业务的自助银行和不具有独立营业场所，仅提供取款、转账、查询服务的自动取款机（ATM）两类。

（1）ATM 终端：分在行式和离行式两种模式，银行客户使用持有的银行卡，可以通过 ATM 进行取款、余额查询、转账交易等银行业务。

（2）POS 机终端：银行客户在特约商户消费时，可以使用持有的银行卡，通过银行安装在商场的 POS 机终端进行转账支付。

（3）自助银行综合网点：一般包括自动取款机、自动存款机等。客户可以办理自助存取款、账务查询、综合信息查询、缴纳公用事业费、转账、补登存折等业务。

撷贝

自助终端

（1）现在的 ATM 终端除了能提供修改密码、查询余额、取现等传统功能外，还可提供存款、转账、缴费和其他高级功能。

（2）随着无线技术和网络技术的发展，目前我国还出现了无线 ATM、无线 POS、智能刷卡电话等新型的支付终端。

（3）无线 POS 可应用于星级宾馆、餐饮娱乐、超市百货、票务配送、交通运输等服务，如航空票务及商品配送行业，可携带 GPRS 移动 POS 上门刷卡，一手刷卡一手交货，既方便了客户，又保证了货款的安全。

小贴士

自助银行

（1）自助银行由于具有运行成本低、效率高的特点，在国内大中城市的发展速度很快，已成为金融机构设立新网点和改造旧网点的主要方式。

（2）从我国发展趋势分析，小型银行将更多地采用全功能自助银行作为业务拓展的主要手段，而大型银行则会依托现有传统网点发展 ATM 作为银行柜台的补充，未来自助银行将向更高级的无人银行发展。

五、多渠道电子商务在线支付

多渠道的电子商务在线支付，是指从事电子商务的当事人（包括消费者、厂商和金融机构）以网络、电话、手机等方式，在线完成货币支付或资金转移的过程。

网上支付、电话支付、手机支付是电子商务支付的三种主要渠道。

随着网络经济的逐步复苏，我国网民的增多，信用系统、物流配送体系等外部条件的逐渐完善，电子商务市场迎来了一个高速发展的新时期。电子商务的发展要求信息流、资金流和物流三流的畅通，其中资金流主要是指资金的转移过程，包括付款、转账、兑换等过程。在互联网上做电子商务，支付方式可以使用在线的电子支付（如"一网通"），也可以采用离线的传统支付方式，如利用邮政、电传等方式，即所谓的"网上贸易、网下结算"。传统支付方式缺点是效率低下，失去了电子商务本来应具备的快捷特点。因此，电子商务的资金转移主要通过在线支付来实现。

目前，电子支付业务已经进入快速发展阶段，国内推出支付产品的企业众多，如支付宝、中国银联、汇付天下、快钱、好易联、腾讯等。在线支付与其他支付方式相比，使用率较高、支付总额也更大，支付占比90%以上。

1．网上支付

目前，主要的网上支付工具有信用卡、电子现金、电子支票系统。

（1）信用卡支付方式。电子商务中先进的方式是在互联网环境下，通过一定的安全协议（SET安全电子交易协议、SSL安全保护协议等）控制，进行网上直接支付，具体方式是用户、商家、银行等网上企业通过第三方认证机构进行信用认证。认证机构保证电子货币的使用安全可靠，通过有关加密信息到银行，进行在线方式验证信用卡号和密码，最后进行支付。

（2）电子现金方式。电子现金是以数字化方式存在的现金货币，其发行方式包括存储性质的预付卡（电子钱包）和纯电子形式的用户数字、数据文件等形式。电子货币可匿名使用，不受银行账户的限制，不需要在线验证，电子钱包还可以随时添加现金数额，方便携带和使用，特别适合于小额度的支付。

（3）电子支票（E-Check）系统。电子支票也称数字支票，是将传统支票的全部内容电子化和数字化，然后借助于计算机网络（互联网和金融专网）完成支票在客户之间、银行与客户之间以及银行与银行之间的传递，实现银行与客户间的资金支付结算。简单地说，电子支票就是纸质支票的电子版。典型的电子支票系统有E-Check、NetBill、NetCheque等。

目前，基于互联网的电子支票系统在国际上仍然是新事物，处于发展之中。虽然金融专网上运行的电子资金转账EFT和SWIFT系统与电子支票的应用原理类似，但移植到互联网上进行实际应用还有一个过程。

2．电话支付

电话支付业务是基于中国电信固定电话网络及合作金融机构清算系统，通过电话支付终端向用户提供自助支付、自助金融等电子支付服务的电信增值业务。电话支付终端是一台集刷卡槽、交易快捷键和显示屏于一体的电话机，用户只需一条固定电话线，安装终端并开通业务后，即可足不出户进行刷卡缴费、商品订购、自助金融等。

3．移动支付

移动支付是指利用移动电话采取编发短信息或拨打某个号码的方式实现支付。手机支付系统主要涉及三方：消费者、商家及无线运营商。所以，手机支付系统大致可以分为三个部分，即消费者前端系统、商家管理系统和无线运营商综合管理系统。

小贴士

电子银行成本的核算

（1）电子银行业务的成本包括机器设备折旧费，邮电通信费，新产品研发及其维护费用，电子银行交易费用，各级行电子银行业务营销推广费用，各级行电子银行业务宣传费，各行专职人员的工资费用、管理费用。

（2）电子银行服务具有初始成本高昂的特征。商业银行投资电子银行业务将会导致银行总成本的增加。

（3）电子银行提供虚拟金融服务的生产成本与消费者分享虚拟金融服务的规模之间呈弱相关性或近似无关，因此，就提供一次服务来讲，电子银行又具有边际成本低廉的规模经济特征，电子银行业务的平均成本也会随着客户和产品的不断增加而降低。

六、电子银行业务的风险

由于电子银行具有网络化和虚拟化的特点，其潜在风险日益凸现，已引起全球金融界的高度重视。本书将电子银行业务风险定义为：商业银行因开办电子银行业务或已开办的电子银行业务，在经营和运营过程中由于主观或客观因素诱发的，可能给银行带来资金、业务、声誉和法律损害的事件，并大体将其划分为操作风险、声誉风险、法律风险和其他风险等。

1. 电子银行业务的风险分类

中国银监会认为，电子银行业务主要存在两类风险：一类是系统安全风险，主要是数据传输风险、应用系统设计的缺陷、计算机病毒攻击等。另一类是传统银行业务所固有的风险，如信用风险、利率和汇率风险、操作风险等，但这些风险又具有新的内涵。

2. 电子银行业务风险管理

电子银行业务风险管理，是指开办电子银行的商业银行通过风险识别、风险评估、风险应对，对电子银行业务的各类风险实施有效控制和妥善处理，期望达到以最小的成本获得最大安全保障的管理活动。一般来说，电子银行业务风险管理活动包括风险管理目标与政策、安全体系和技术、内部控制机制、风险监测与识别、风险信息处理与报告、信息披露和客户教育、应急处置、事后评价与持续改进等内容和流程。

任务二 网上银行个人客户业务

活动一 办理柜台签约

【场景设定】

201×年10月20日，客户章亮（身份证号：421301198302140532，通信地址：CY市

北京路×号,联系电话:68776655,手机号码:13090909099,邮政编码:650000)持本人借记卡(卡号:4213492860051978546)到模拟银行CY市分行申请办理个人网上银行业务,柜员李阳(柜员号:203006)接待并帮助客户开通了网上银行,并指点客户进行网上银行体验。

步骤1:客户申请

客户持本人身份证件、结算账户(存折或银行卡)信息,填写如图4-53所示的模拟银行电子银行个人客户申请表(以下简称"申请表")。

<h3 style="text-align:center">模拟银行电子银行个人客户申请表</h3>

年　月　日　　　　　　　　　　　　　NO00016

姓名		性别			
证件类型		证件号码			
出生日期		手机号码			
通信地址		邮政编码		固定电话	
结算卡号/账号					
产品组合推荐(选择打√)					
□组合1:网上银行(U盾)+手机银行(电子银行口令卡)+电话银行(电子银行口令卡)					
□组合2:网上银行(U盾)+手机银行(电子密码器)+电话银行(电子密码器)					
□组合3:网上银行(电子密码器)+手机银行(电子密码器)+电话银行(电子密码器)					
说明:1.您可任选一种产品组合,我行将为您注册组合中的产品,开通相应渠道对外支付功能,采用括号中的身份确认工具进行身份认证。 　　　2.选择上述产品组合后,不需要再填写以下内容。					
个性化功能定制(选择打√)					
☑开通网上银行	身份确认工具		☑U盾		□电子密码器
			□电子银行口令卡开通短信认证:□是　□否		
	开通对外支付:□是　□否				
□开通手机银行	身份确认工具		□电子密码器		□电子银行口令卡
	开通对外支付:□是　□否				
□开通电话银行	身份确认工具		□电子密码器		□电子银行口令卡
	开通对外支付:□是　□否				
□短信(余额变动提醒)	服务期限____个月		到期自动展期	□是自动展期周期____个月 □否	
本人承诺上述所提供的开户资料真实、有效,如有伪造、欺诈,自愿承担法律责任。 本人已阅读并了解本申请表中"模拟银行股份有限公司个人账户开户及综合服务协议书"的有关条款,保证遵照该协议的有关约定、客户须知、服务协议和银行最新业务章程、业务规则、业务规定办理相关业务。					
申请人签字_____		银行签章		经办人_____	

图4-53　模拟银行电子银行个人客户申请表

步骤2：柜员审核

银行柜员审核身份证件真实有效，账户与综合业务系统信息一致，申请表填写完整正确。

步骤3：业务处理

银行柜员提供个人网上银行风险提示（以下简称"风险提示"）给客户，复核申请表无误后加盖名章、业务公章，客户核对无误后签字确认，办理签约手续，领取动态口令卡（牌）等安全产品。柜员将身份证、账户原件、申请表、"风险提示"等客户联返还客户；身份证复印件、申请表、"风险提示"等银行联留存归档。

步骤4：客户体验

登录银行网站首页，下载安全证书并安装，进入网上银行功能界面，体验便捷服务。

> **小贴士**
>
> **网银账户追加**
>
> （1）在银行柜台上开通网银后登录，在账户查询中就会有当时签约的客户信息，如果有同一家银行同一个人名下的其他账户，可以通过姓名和账号追加进去。
>
> （2）如果没有通过柜台正式签约的属于非签约账户，只能进行查询，不能支付转账。为方便，可以在第一次柜台签约网银时就把本人所有的账户都签约上去，自己名下的信用卡可以直接追加，不需要在柜台签约。
>
> （3）同一个人名下的所有账户共用一个网银的媒介——动态口令卡或网银盾，不需要任何修改。网银也可实现自助关联账户功能。

活动二 办理柜台销户

【场景设定】

201×年12月30日，客户章亮（身份证号：421301198302140532，通信地址：CY市北京路×号，联系电话：68776655，手机号码：13090909099，邮政编码：650000）到模拟银行CY市分行申请办理个人网上银行销户业务，柜员李阳（柜员号：203006）为其注销了网上银行账户。

步骤1：客户申请

客户持本人身份证件、账户（存折或银行卡）信息，填写如图4-54所示的个人账户信息变更/销户申请表（以下简称"变更申请表"）。

模拟银行个人账户信息变更/销户申请表

　　　　　　　　　　　年　月　日　　　　　　　　　　　　　NO00009

姓名		性别			
证件类型		证件号码			
出生日期		手机号码			
通信地址		邮政编码		固定电话	
结算卡号/账号					

账户信息变更（选择打√）					
☑销借记卡/销户/解锁	账号/卡号（主卡）				
	账号/卡号（附属卡）				
	销户原因：_____				

电子银行业务变更（选择打√）				
☑网上银行 ☑手机银行	□查询/打印关联账户清单	□同步用户证件信息	□重置密码
	☑关闭渠道	□注销电子渠道	□找回用户名
	□个人用户解锁	□个人用户挂失	□个人用户解除挂失
	☑动态口令牌	□手机交易码	□挂失
	□解挂	□更新信息	☑注销
□电话银行	□重置电话银行密码	□注销电话银行	□密码重置/修改

申请人申明：本人承诺上述所提供的资料真实、有效，如有伪造、欺诈，自愿承担法律责任。本人自愿按银行相关规定申请办理上述业务。
申请人签字　　　　　银行签章　　　　　经办人　　　　　复核人

图 4-54　模拟银行个人账户信息变更/销户申请表

步骤 2：柜员审核

银行柜员审核身份证件真实有效，账户与综合业务系统信息一致，变更申请表填写完整正确。

步骤 3：业务处理

变更申请表复核后加盖名章、业务公章。客户核对无误后签字确认。柜员将身份证、账户原件、变更申请表等客户联返还客户，变更申请表银行联留存归档。

任务三　网上银行企业客户业务

活动一　办理柜台签约

【场景设定】

201×年7月3日，CY市港鑫有限责任公司（通信地址：CY市北京路×号，联系电话：68776655，邮政编码：650000）部门经理张路，到模拟银行CY市分行申请办理网上银行企业客户服务业务，柜员李阳（柜员号：203006）受理了该项业务。

步骤1：客户申请

在本行对公网点开立单位存款账户的客户提交经办行：营业执照；税务登记证；组织机构代码证；法人身份证、企业财务身份证复印件；申请开通网银服务的报告；如是企业，财务人员需携带授权书。

步骤2：客户填写

模拟银行网上银行服务申请表（综合开户开网银专用）（图4-55），加盖预留印鉴章；网银单位授权书（图4-56），加盖公章、私章；单位银行结算账户综合服务协议签署表（图4-57）与人民币单位银行结算账户相关业务授权书（图4-58）复印件（提示：这两份应在开户完成后复印下来留作开通网银使用）；企业网银风险提示书。

步骤3：经办行审核

经办行进入电子验印系统进行验印，在申请表上加盖"已检验"章戳。

步骤4：业务办理

网银经办员进行系统录入，受理业务：服务开通、账户签约维护、客户用户角色管理。经办行将客户递交的全部资料和相关申请表上报至上级机构，上级机构审批通过后，返还全部资料、申请表给经办网点。经办行上级机构在网上银行系统添加客户资料信息，为客户申请和下载证书，注册IC卡或USBKEY后，通知经办行领取。客户与经办行办理账户签约，IC卡或USBKEY签约手续。

模拟银行网上银行服务申请表(综合开户开网银专用)

* 申请单位名称		
* 市场细分	☑查询对账版(认证工具为"手机交易码") □中小企业版 □企业理财版	
申请服务类型	新增	☑网银新开户(包括客户注册、服务维护、账户注册、账户限额修改、操作员注册、认证工具申请+绑定等一系列新增服务类型) 认证工具选择(查询对账版不需选择):☑E-Token ☑USBKEY
服务选择	服务选择	☑账户查询 ☑对账服务 □转账汇划 □对私转账汇款 □代发工资 □其他代理 □定期账户查询 □企业定期存款 □企业通知存款 □定向账户支付 □第三方存管 □银期转账 □代收业务 □跨行账户查询 □跨行实时汇划 □其他
相关系统编号(银行填写)	□ CSPB 商户号＿＿＿＿＿＿＿＿＿＿＿＿＿＿＿＿＿＿＿＿＿＿＿＿＿＿	

客户账户信息	序号	*账号	*币种	账户名称(全称,如与单位名称相同,可不填)	*账号申请服务代码	*本企业转账限额(柜员需对限额进行核准)		授权模板名称	账户类型(银行填写)
						单笔限额	每日累计限额		
	1		￥						
	2								
	3								
	4								
	5								

操作员信息(角色)/功能可填的选项为查询、经办、授权、对账等;分/子公司不单独申请本公司的网银操作员,可不填写操作员信息

操作员信息	*姓名	*角色/功能	可操作的账户序号	*证件类型	*证件号码	*密码发送	*移动电话	银行填写	
								*操作员标识	认证工具序列号
						☑密码信封 ☑手机短信			
						□密码信封 □手机短信			

客户确认	本单位自愿申请模拟银行网上银行上述服务,已经了解并同意遵守《模拟银行电子银行章程》《模拟银行网上银行企业服务业务规则》及相关协议,知悉并同意风险提示内容,承诺所提供的上述资料正确、属实,且相关申请材料复印件与原件相符。对因违法协议与业务规定而造成的损失和后果,本单位愿意承担一切责任。 本单位已领取"动态口令牌"__个、USBKEY__个以及密码信封__个(如无,请填0),且所领取动态口令牌或USBKEY与客户认证工具绑定交易打印的"网上银行企业服务签约单"(客户回执)打印内容确认一致。	
	*单位盖章(银行预留印鉴):	*授权办理网银业务经办人签名: 联系电话: *日期:

银行专用	开户行经办柜员签章:	开户行复核柜员签章:	开户行盖章	受理单位审核人签章:	受理单位负责人签章:
	印鉴核实人签章(印鉴核实相符):				
	集中签约行维护经办签章及维护日期:				
	集中签约行维护复核签章及维护日期:				

图 4-55 模拟银行网上银行服务申请表(综合开户开网银专用)

单位授权书

模拟银行 _____ 行：

兹授权我单位（请填写姓名）_____ 共（　）人（以下简称指定领取人），身份证号：_____，代表本单位前往贵行办理企业网上银行相关业务，授权上述指定领取人网上银行客户认证工具（"动态口令""数字证书令牌"USBKEY）及相应密码信封，并由指定领取人填写《客户认证工具、密码信封领取单》。

我单位同意并授权贵行从账户 _____（账号）或其他已申请贵行网银服务的账户按照模拟银行公布的收费标准和规定扣除服务年费。

法定代表人（企业负责人）签章：　　　　　　　　　　银行签章：

单位银行预留印鉴（单位公章）：　　　　　　　　　　银行印鉴审核人员签章：

日期：　　年　　月　　日　　　　　　　　　　　　　日期：　　年　　月　　日

客户认证工具、密码信封领取单

一、密码信封领取确认
　　□我单位密码发送方式选择"打印密码信封"，本人已领取操作员密码信封，密码信封完整无损。
二、认证工具领取确认
　　本人已领取企业网上银行客户认证工具（"动态口令""数字证书令牌"USBKEY），所领取认证工具的序号与客户认证工具绑定交易打印的"网上银行企业服务签约单"（客户回执）打印内容确认一致。

序号	客户操作员ID 或姓名	操作员密码信封个数	信封认证工具（"动态口令"E-Token/"数字证书令牌"USBKEY）编号	备注
1				
2				
3				
4				
5				

注：
1. 指定领取人根据所在单位授权领取认证工具、密码信封须填写此表格。
2. 指定领取人应为单位授权书中指定的领取人员。如密码发送方式选择"打印密码信封"，须填写"操作员密码信封个数"栏，如密码发送方式选择"发送手机短信"，则不需要填写该栏位。

领取时间：　　年　　月　　日　　时　　　　　　　　分指定领取人签章：

银行经办人员签章：　　　　　　　　　　　　　　　　银行复核人员（事中）签章：

图 4-56　网银单位授权书

单位银行结算账户综合服务协议签署表

甲方： 地址： 负责人：	乙方： 地址： 负责人：

产品、协议名称	甲方自愿在乙方开立单位银行结算账户，已充分了解后附相关协议和产品的具体内容。下列打"√"的协议为甲、乙双方就甲方自愿叙做的业务达成协议，并承诺共同遵守。 ☑模拟银行人民币单位银行结算账户管理协议 ☑模拟银行外部公司客户对账服务协议 ☑模拟银行网上银行企业客户服务协议 ☑支付密码器使用协议 ☑个人代付业务协议 ☑电子回单箱（产品专项说明） ☑对公短信通（产品专项开办须知） （请将未选项打"×"并用横线划去，对应附件内容同时无效）	
特别约定		
重要提示	1. 双方就甲乙自愿叙做的上述勾选产品进行了充分的协商，甲方已全面、准确地理解有关双方权利义务的全部条款，并同意将被勾选的上述协议作为本签署表附件。 2. 特别约定内容如与协议内容有冲突以特别约定内容为准，但不得违反法律、法规。 3. 甲、乙双方须在本表及附件上加盖骑缝章。 4. 本签订表所附协议共叁项共肆页。 5. 甲、乙双方法定代表人（负责人）本人或其授权签字人签署本表并加盖公章之日起，本表及所附协议生效（另行约定有其他生效条件的所附协议除外），本表及所附协议一式两份，甲、乙双方各执一份，具有同等法律效力。	
签章	甲方（签章）： 法定代表人（负责人）或授权签字人： 年　月　日	乙方（签章）： 法定代表人（负责人）或授权签字人： 年　月　日

图4-57　单位银行结算账户综合服务协议签署表

人民币单位银行结算账户相关业务授权书

模拟银行_____行：
我单位_____，账号：_____法定代表人（或单位负责人）_____，兹授权
下列_____（大写）人办理相关业务：

姓名	证件种类	证件号码	是否为本单位员工	联系电话	授权办理业务种类
					_____共（大写）_____项
					_____共（大写）_____项

办理业务种类	☑A 办理人民币单位银行结算账户、□变更手续 ☑B 办理企业网上银行手续 ☑C 签署综合服务协议（□账户管理协议□外部公司客户对账服务协议□支付密码器使用协议□网上银行企业客户服务协议□个人代付业务协议□电子回单箱□对公短信通） ☑D 预留签章式样：将其个人签章及□本单位公章□财务专用章作为预留银行印鉴 ☑E 办理日常结算及购买空白支付凭证业务 ☑F 作为我单位大额交易有权确认人员，联系电话：_____ □G 其他：

本授权书自本单位法定代表人/负责人签字并加盖公章之日起生效，至书面通知贵行终止之日起终止。
〔随附：法定代表人（或单位负责人）及授权人身份证正、反面复印件〕
本授权有效期限至办妥上述委托事项或至重新变更授权为止。

单位法定代表人/负责人：　　　　　　　　　　　　单位名称：
（签名或盖章）　　　　　　　　　　　　　　　　　单位公章：
　　　　　　　　　　　　　　　　　　　　　　　　　年　　月　　日

图 4-58　人民币单位银行结算账户相关业务授权书

小贴士

——网上银行企业客户业务受理后，上级机构批复中心将客户信息录入数据系统，一周后方可生效。

步骤 5：客户运用

客户登录银行网站首页，下载安全证书并安装，进入网上银行功能界面，运用网上银行企业客户业务。

活动二　办理柜台注销

【场景设定】

201×年 11 月 28 日，CY 市港鑫有限责任公司（通信地址：CY 市北京路×号，联系电话：68776655，邮政编码：650000）到模拟银行 CY 市分行申请办理网上银行企业客户

柜台注销业务，柜员李阳受理了该项业务。

步骤1：客户申请

客户持本人身份证件、账户（存折或银行卡）信息，填写终止网上银行客户服务申请表（以下简称"申请表"）并加盖公章。

> **小贴士**
>
> （1）网上银行企业客户业务注销不需要上级机构审批，各支行及营业网点即可完成注销业务。
>
> （2）终止网上银行客户服务申请表格式与综合开网银申请表相似，而"申请服务类型"栏目不同。此处不再详细说明。

步骤2：柜员审核

银行柜员审核身份证件真实有效，账户与综合业务系统信息一致，申请表填写完整正确。

步骤3：业务处理

申请表复核后加盖名章、业务公章。客户核对无误后签字确认。柜员将身份证、账户原件、申请表客户联等返还客户；申请表银行联留存归档。

任务四　其他电子银行业务

活动一　受理电话银行/手机银行柜台申请

【场景设定1】

201×年9月13日，客户郑宏（身份证号：421301198302140532，通信地址：CY市北京路×号，联系电话：68776655，邮政编码：650000）到模拟银行CY市分行申请开通电话银行业务，柜员李阳（柜员号：203009）受理了该项业务。

步骤1：客户申请

客户持本人身份证件、账户（存折或银行卡）信息，填写模拟银行电子银行个人客户申请表（以下简称"申请表"），签订电子银行服务协议书（以下简称"协议书"）。

步骤2：柜员受理

柜员审核身份证件真实有效，账户与综合业务系统信息一致，申请表填写完整正确。申请表、协议书加盖名章、业务公章，客户核对无误后签字确认。柜员将身份证、账户原件、申请表、协议书客户联等返还客户；申请表、协议书银行联留存归档。客户设定电话银行服务密码。

【场景设定2】

201×年11月23日，客户周法（身份证号：421301198302140532，通信地址：CY市

北京路×号，联系电话：68776655，邮政编码：650000）到模拟银行CY市分行申请开通手机银行业务，柜员李阳（柜员号：203009）受理了这项业务。

步骤1：客户申请

客户持本人身份证件、账户（存折或银行卡）信息，填写手机银行个人客户申请表，准确填写手机号，签订手机银行服务协议书（以下简称"协议书"）。

步骤2：柜员受理

柜员审核身份证件真实有效，账户与综合业务系统信息一致，协议书加盖名章、业务公章，客户核对无误后签字确认。柜员将身份证、账户原件、协议书客户联等返还客户；协议书银行联留存归档。客户设定登录密码。

> **小贴士**
>
> **开通手机银行的另外两种方式**
>
> （1）通过网上银行发起申请。登录银行网站首页，直接将任一网银注册账户导入为手机银行注册账户，填写准确的手机号码，设定登录密码，自助开通手机银行服务。
>
> （2）通过手机网站发起申请。准确填写本人有效身份证件号码、账户凭证原件（银行卡）号码和手机号码，设置登录密码，自助开通手机银行服务。

活动二　维护自助服务设备

【场景设定】

201×年12月1日，客户马云持本人借记卡（卡号：2030530111247562）在模拟银行CY市分行内的ATM设备上取款，因多次密码输入错误，其银行卡被自助设备吞卡，客户马云向柜员李阳（柜员号：203009）说明了情况，柜员受理了该业务。

步骤1：客户申请

客户向柜员详细说明情况。

步骤2：柜员受理

柜员安抚客户焦虑情绪，登记被吞卡情况，并告知客户凭本人有效身份证件在吞卡后3个工作日内（从吞卡次日算起）到自动柜员机所属网点办理领卡手续。被吞卡在银行规定的保管期内，若客户未能提供银行要求的证件、证明资料或逾期未领的，其所属网点将按相关规定程序将卡片剪角作废进行销毁处理。

> **小贴士**
>
> • 客户的被吞卡无法取回（或被销毁），若需继续使用，可找开户行办理挂失、补办手续，7天后即可补办新卡。